AMRA

Malia channelt
Elias und die Seelen von Atlantis

Atlantis überall

Liebe und Harmonie für Euer Leben

AMRA

Originalausgabe 2007

Auf der Reitbahn 8, D-63452 Hanau
Telefon: + 49 (0) 61 81 – 18 93 92

E-Mail: info@amraverlag.de
Unsere Webseite: www.amraverlag.de

Umschlaggestaltung:	Maria Anna Schmitt
Layout und Typografie:	Günter Treppte
Druck:	FINIDR, s.r.o.

ISBN 978-3-939373-03-2

VORWORT

Nie zuvor habe ich daran gedacht, ein Buch zu schreiben, es ist zu mir gekommen. Plötzlich war es da, und ich wusste, es ist genau richtig für mich.

Ich glaube, dass mich mein ganzes Leben auf diese Aufgabe vorbereitet hat. Jahrelang habe ich mich mit der Auflösung karmischer Konflikte beschäftigt und mich tief in meinen Vorleben wiedergefunden, und auf dem Höhepunkt meiner Veränderung wurden Zela und ich mit Atlantis konfrontiert.

Elias kam in mein Leben und bat mich, dieses Buch zu schreiben.

Es fiel mir leicht, mich in die atlantischen Leben einzufühlen, da ich die Gefühle der Seelen und meine Beziehung zu ihnen stark wahrnehme.

Es machte mich überglücklich, an diesem Buch zu arbeiten. Es bereicherte mein Leben in einem Maße, wie ich es mir nie hätte vorstellen können, es heilte mich. Mein innerer Kristall, der zuvor trübe und verzerrt war, wurde ausgerichtet und wieder rein, und er begann zu strahlen.

Dafür danke ich Gott Vater und Elias aus tiefstem Herzen.

Ich danke auch Zela, ohne deren Anstoß dieses Buch nie entstanden wäre.

Und ich danke allen atlantischen Seelen und Lichtwesen, die an diesem Buch mitgewirkt haben.

Malia

EINLEITUNG

Dieses Buch erzählt von Atlantis, dem Planeten Atlantis und dem Atlantis auf Erden, von denen es zwei gab, an verschiedenen Orten und zu unterschiedlichen Zeiten.

Als der Planet Atlantis zerstört wurde, suchten die Atlanter auf anderen Planeten Zuflucht, darunter der Erde, sie teilten sich auf. Auch auf der Erde entstanden mehrere Orte, an denen sie lebten und ihre Liebe verströmten.

Die Ereignisse auf der Erde lagen viele tausend Jahre auseinander. Nach dem Untergang des ersten Atlantis und nach dem Untergang des zweiten Atlantis wurden jeweils Energieportale geschlossen, um die hohen Energien und das Wissen von Atlantis zu schützen.

Viele atlantische Seelen blieben hinter diesen Portalen zurück. Andere atlantische Seelen konnten Atlantis vor dem Schließen der Portale verlassen und sind so in den menschlichen Inkarnationskreislauf gelangt.

Viele unter uns hatten eine Inkarnation in Atlantis, ohne dass wir es wussten, und dieses Wissen dürfen wir nun in uns wiederentdecken. Unsere Aufgabe ist es, den neuen atlantischen Seelen den Weg zu bereiten.

Im Juli des Jahres 2006 wurde ein Energieportal geöffnet, durch das die Seelen des zweiten Atlantis auf Erden wieder in die Atmosphäre der Erde gelangten. Dieses Portal wurde von Zela und mir geöffnet.

Durch die Öffnung des Portals stieg die Energie auf der Erde stark an, was sich auf alle Menschen und den ganzen Planeten auswirkt. Das zeigt sich durch Turbulenzen, die in unser Leben treten, in neuen Erfahrungen wie Trennungen, Krankheiten, Unfällen und Naturkatastrophen. Die Auswirkungen des Energieanstiegs sind

vielfältig. Sie können sowohl positiv als auch negativ sein, aber sie verursachen auf jeden Fall Veränderung, denn die Erde braucht Veränderung, um zu heilen.
Für die atlantischen Seelen ist damit die Tür geöffnet worden, durch die sie wieder am irdischen Leben teilnehmen können. Gott Vater gibt ihnen neue Aufgaben. Sie sollen den Menschen bei der Heilung der Erde helfen, und dazu werden sie als Menschen inkarnieren.
Durch die Inkarnation der atlantischen Seelen, die als Kristallkinder zur Welt kommen, wird sehr viel Liebe – und damit sehr hohe Schwingungsenergie – auf die Erde gelangen. Diese Kinder werden von Deutschland ausgehen, sich über die ganze Welt ausbreiten und die Energien der Erde stark erhöhen.
Die Portale des ersten Atlantis auf Erden sind schon vor einigen Jahren geöffnet worden, so dass sie nicht die ersten atlantischen Seelen sind, die als Kristallkinder inkarnieren. Sie werden nun weitere Energieportale öffnen, die immer mehr neues Wissen bringen. Das Energieniveau der Erde wird sich in rasantem Tempo ein ums andere Mal sprunghaft erhöhen.
Ihr werdet viel Kraft benötigen, um Euch darauf einzustellen, darum nehmt die Ratschläge an, die Elias Euch gibt, um in Harmonie zu kommen und dadurch anderen Menschen und der Erde bei der Heilung helfen zu können.
Wir brauchen viele Menschen, die sich an dieser Aufgabe beteiligen und der Erde beim Aufstieg helfen.

Malia

Ich, Elias, der höchste Priester des zweiten Atlantis auf Erden, erzähle Euch von Atlantis, von dem, das war, und von dem, das kommen wird. Es ist Gottes Wille, dass wir ein neues Atlantis erschaffen auf Erden, ein Atlantis, das die ganze Erde überziehen soll. Die Liebe und die Harmonie der Atlanter sollen den gesamten Erdball erfüllen.

Darum gebe ich Euch Ratschläge, wie ihr in Eure eigene Liebe und Harmonie gelangen könnt, um dadurch der Erde beim Aufstieg zu helfen.

Wir brauchen Euer aller Hilfe, denn es gibt viel zu tun. Vor allem natürlich sind die einstigen atlantischen Priester, die zur Zeit eine menschliche Inkarnation durchleben, aufgerufen, am Aufstieg mitzuwirken.

Die Veränderungen, mit denen Ihr nun konfrontiert seid, werden Euch viel abverlangen, wir wissen das, doch wir brauchen Eure Hilfe. Die alten inkarnierten atlantischen Seelen sollen den neuen atlantischen Seelen den Weg bereiten, dies ist Eure Aufgabe, dafür wurdet Ihr ausgesandt.

Jetzt ist Eure Zeit gekommen.

Erinnert Euch an Atlantis, und nehmt Eure Aufgaben wahr.

Elias

Ein großer Wandel steht bevor.

Elias

Es trug sich zu vor langer, langer Zeit. Die Erde war noch wenig besiedelt. Es gab nur ein paar Völker, die eine herausragende Kultur entwickelt hatten. Unter ihnen waren die Atlanter.

Sie lebten in einer großen, harmonischen Gemeinschaft. Es gab Priester, Handwerker und Bauern.

Die Priester waren auch für die Heilkunde zuständig.

Es gab zwölf Priester, die in einem Heilungstempel tätig waren, sechs Frauen und sechs Männer.

Ich, Elias, war der höchste Priester, und meine Frau Zela war die höchste Priesterin. Wir waren in großer Liebe verbunden und sind es noch heute.

Wir haben uns wiedergefunden nach so langer Zeit. Ich bin sehr glücklich darüber.

Meine Tochter Malia, die dieses Buch schreibt, habe ich auch wiedergefunden.

Zela und Malia sind sich in diesem Leben begegnet, um ein großes Werk zu vollbringen. Sie sind Freundinnen und verstehen sich prächtig, weil sie diese gemeinsame Erinnerung verbindet.

Meine Kinder Malia, Selana, Mareos und Antekos waren auch als Priester im Heilungstempel tätig. Sie liebten ihre Arbeit aufrichtig.

Im Tempel gab es viele Aktivitäten. Es gab Heilungszeremonien unterschiedlichster Art: Kristallheilungen, Ritenheilungen, Gebetsheilungen und andere.

Die Atlanter kamen in den Tempel, um Heilung zu finden. Sie waren stets willkommen.

Wir heilten sie im Glauben an die Allmacht des einzigen Gottes, unseres Schöpfers. Er gab uns die Kraft, die Zeremonien abzuhalten und Kranke zu heilen. Unser Schöpfer verlieh uns diese große Kraft.

Wir konnten so manches Mal Wunder wirken. Am beliebtesten waren die Kristallheilungszeremonien.

Wir waren sehr achtsam mit jedem Kranken, der zu uns kam. Wir

setzten uns mit ganzem Herzen für seine Heilung ein. Wir beteten aus tiefstem Herzen für die Heilung und zelebrierten die Zeremonien. Viele, die zu uns kamen, wurden auf wundervolle Weise geheilt. Ihre Dankbarkeit verlieh uns noch mehr Kraft zum Heilen. Die Kraft hat sich immer mehr verstärkt, wie von selbst.
Wir Priester waren in der Gemeinschaft der Atlanter sehr angesehen. Sie kamen gerne zu uns und brachten Gott viele Gaben dar. Diese Gaben waren Früchte ihrer Arbeit, ihrer Felder oder ihres Handwerks. Sie legten sie im Tempel nieder aus Dankbarkeit und Ehrfurcht vor Gott.
Als Übermittler der Kraft Gottes wurden auch uns Gaben gebracht, von denen wir uns ernährten.

Die Tempelgaben für Gott wurden als Opfer dargebracht, um Gottes Hilfe für die Heilungen zu erbitten. Gott, der Allmächtige, war gnädig und heilte viele, viele Atlanter.
Wir waren sein Werkzeug. Wir handelten im Auftrag Gottes, und er bedankte sich, indem er es uns an nichts mangeln ließ.
Die Kranken brachten uns alles, was wir zum Leben brauchten. Wir waren gesegnet von Gott und von unseren Mit-Atlantern.
Die Priester und ihre Familien lebten in der Nähe des Tempels, um immer erreichbar zu sein. Wir führten ein wundervolles Leben in Harmonie und Frieden.
Unsere Kinder wuchsen mit viel Liebe auf und wurden gleichfalls zu Priestern und Priesterinnen ausgebildet. Ich selbst und meine Frau Zela unterrichteten unsere Kinder und bildeten sie in allen Tätigkeiten des Tempeldienstes aus.
Sie wuchsen zu wundervollen Heilungspriestern und -priesterinnen heran.
Ich war sehr stolz auf sie.
Wir arbeiteten alle gemeinsam mit den anderen Priestern im Tempel, zu denen auch Malias Mann Elenis gehörte. Wir bildeten eine wundervolle Gemeinschaft.

Der Tempel war ein Heiligtum. Er war der schönste und kraftvollste, der je auf Erden erbaut wurde. Seine Wände bestanden aus Säulen. Er hatte zwölf Ecken und ein Dach. In den Ecken standen mehrere Säulen nebeneinander, so dass sie eine Nische bildeten, wo die Heilbedürftigen empfangen wurden.

Es gab zwölf solcher Nischen für zwölf Priester.

Das Dach stieg zur Mitte hin an und hatte im Mittelpunkt eine Öffnung, durch die das Mondlicht hereinschien.

Wir heilten bei Anbruch der Nacht.

Der Mond war sehr wichtig für den Erfolg unserer Zeremonien. Wir lebten mit dem Mondlauf, für jede Mondphase hielten wir eine bestimmte Zeremonie ab.

Die Heilungssuchenden selbst wurden mit anderen Zeremonien bedacht. Sie kamen bei Einbruch der Dämmerung.

Wir führten sie in eine Nische, wo ein Lager bereitstand.

Der Heilungssuchende ließ sich nieder, entspannte sich und teilte uns sein Leiden mit.

Daraufhin entschieden wir, welche Heilungszeremonie die richtige für ihn sei.

Ich bin Antekos, Elias' Sohn. Ich erzähle von der Entstehung von Atlantis. Es begann vor vielen Tausenden von Jahren, als unser Planet namens Atlantis dem Untergang geweiht war.

Die Atlanter waren gezwungen, ihren Planeten Atlantis zu verlassen, und sie suchten ihre Zuflucht auf der Erde.

Sie bildeten autonome Zentren auf der Erde. Sie lebten nur mit ihresgleichen und zeugten nur mit Atlantern Kinder. Sie hielten ihre Rasse rein.

Sie waren von Gestalt den Menschen ähnlich, doch sie lebten in einem göttlichen Bewusstsein.

Sie kannten keine Untat. Sie lebten in Harmonie und Frieden. Sie waren in der Liebe und ließen jedermann an ihrer Liebe teilhaben. Das Leben war wundervoll.

Die Atlanter auf Erden waren Hochkulturen. Zu ihnen gehörten die Mayas.
Das legendäre Atlantis entstand zweimal auf der Erde, an verschiedenen Orten und zu unterschiedlichen Zeiten.
Einer dieser Plätze war das Bermuda-Dreieck.
Es gab noch einen anderen, den ich verschweige, denn zu vieles kann zerstört werden.
Und es wird einen neuen Platz geben, an dem das Volk der Atlanter wiederaufersteht.
Diesmal wird es kein autonomes Zentrum sein. Die Atlanter werden sich als Menschen inkarnieren.
Einige sind schon da, sie haben den Weg bereitet.
Die anderen werden folgen.
Es werden ganz besondere Kinder sein. Kinder, die die Liebe unter den Menschen entfachen werden.
Diese Kinder werden von Deutschland ausgehen und sich über die Welt verteilen, um die Erde zu heilen. Ihre Schwingung wird enorm hoch sein für einen Menschen.
Sie werden sich diesmal mit Menschen paaren und viele Kinder atlantischen Ursprungs zeugen.

Mein Name ist Meneas, ich war Priester. Ich will Euch erzählen, was damals geschehen ist. Wir lebten alle zusammen auf Atlantis, dem Planeten. Wir hatten ein wundervolles Leben, bis eine Katastrophe über uns hereinbrach.
Die Schwingung unseres Planeten hatte sich verändert, sie war stark abgefallen. Ein Asteroid steuerte auf ihn zu.
Unser Planet stand kurz vor der Auflösung. Wir mussten schnell handeln.
Das Wissen von Atlantis sollte erhalten werden. Also suchten wir nach einer neuen Heimat.
Wir befanden die Erde für geeignet, und eine Gruppe von uns ließ sich dort nieder. Wir bildeten mehrere Gruppen, die zu unter-

schiedlichen Orten gingen. Eine Gruppe entsprach immer einem Vielfachen der Zahl 12.
Ein Volk der Atlanter auf der Erde waren die Mayas. Sie hatten eine hoch entwickelte Kultur. Sie beschäftigten sich mit der Astrologie und entwickelten die Zeitrechnung.
Die Zahl 12 hatte für die Mayas eine besondere Bedeutung. Oft verwendeten sie auch die 13 = 12 plus ein unsichtbarer Teil.
Die Mayas standen auch im Kontakt mit Atlantern, die auf anderen Planeten ihre Zuflucht gesucht hatten.

Ich bin Kantara. Auch ich war eine atlantische Priesterin. Ich will von dem Atlantis auf der Erde sprechen, dem zweiten Atlantis.
Es war ein Leben voller Liebe, fast göttlich, wie im Paradies. Es mangelte uns an nichts. Wir lebten in vollkommener Harmonie in einer großen Gemeinschaft. Jeder half jedem. Wir beschenkten uns mit Liebe. Etwas Schöneres hat es niemals gegeben auf Erden. Wir waren sehr glücklich, lange, lange Zeit. Doch dann geschah etwas.
Einer stellte sich gegen die Gemeinschaft. Er missbrauchte unser Wissen und übte Macht über uns aus. Und so nahm die Katastrophe ihren Lauf.
Er nutzte die Atlanter aus, herrschte über sie, und bald fanden sich andere, die sich zu ihm gesellten und die Harmonie der Gemeinschaft vollständig zerstörten.
Wie konnte das geschehen? Wie konnte das Schlechte in Atlantis Fuß fassen? Wir haben uns das so oft gefragt und doch keine Antwort gefunden.
Wenn ich heute die Ereignisse auf der Erde betrachte, kommt mir der Gedanke, Gott hat gewollt, dass die Atlanter Zuflucht auf der Erde suchen und sich mit den Menschen vereinigen, um die allumfassende Liebe unter ihnen zu entfachen.
Die Menschen sollen halbe Atlanter werden, damit die Erde geheilt wird. Die Erde braucht unsere Hilfe.
Wir kommen, um Euch zu helfen, die Erde zu heilen.

Und so bitte ich Euch, Ihr lieben Menschen, nehmt uns auf, vereinigt Euch mit uns und lasst die Liebe in Euren Herzen wachsen. Eure Schwingung wird sich erhöhen, wie auch die Schwingung der Erde. Heilung wird geschehen.

Ich, Antekos, habe den Untergang miterlebt.
Es war furchterregend.
Nachdem wir endlos lange Zeit in Liebe und Harmonie gelebt hatten, überraschte uns dieses grausame Ende.
Der Machtmissbrauch war der Anfang vom Ende.

Ich heiße Tadea und war auch eine Priesterin.
Ich liebte das Leben auf Atlantis so sehr. Noch heute sehne ich mich in dieses Leben zurück. Die Liebe, die uns umhüllte und uns so wundervolle Geborgenheit schenkte, es kann nichts Schöneres geben.
Auch unsere Aufgaben im Tempel liebte ich von ganzem Herzen. Einem menschlichen Wesen Heilung schenken zu dürfen ist die wundervollste Tätigkeit, die man sich vorstellen kann.
Ich vermisse das sehr.
Wir mussten nach dem Untergang lange Zeit auf Atlantis verweilen. Die Energietore wurden geschlossen.
Einige konnten Atlantis vorher verlassen und als Menschen inkarnieren, um uns später die Tore zu öffnen und den Weg zu bereiten.
Viele blieben in Atlantis, um unser Wissen zu hüten.
Jetzt ist der Zeitpunkt gekommen, da die Energietore wieder geöffnet worden sind. Wir sind überglücklich. Wir danken Zela und Malia aus tiefstem Herzen. Endlich ist die Zeit gekommen, in der wir inkarnieren dürfen als Menschen.
Wir freuen uns sehr darauf.

Ich bin Hederas. Ich war ein Bauer im alten Atlantis.
Meine Familie und ich, wir waren sehr glücklich in dieser guten Zeit, etwas Schöneres kann man sich kaum vorstellen.
Wir waren eine große Gemeinschaft, und durch die Liebe miteinander verbunden. Gott hat uns gesegnet.
Das Leben war voller Wunder.

Ich bin Argonis, einer Deiner spirituellen Lehrer. Ich bin sehr dankbar, dass Du Dich dieser Aufgabe angenommen hast.
Das Wissen soll in die Welt getragen werden.
Ich erzähle Dir, wie es zum Untergang von Atlantis gekommen ist.
Die Atlanter, die sich gegen die Gemeinschaft stellten, waren gar keine Atlanter. Sie waren Fremde, die von weit her gekommen waren und sich in die Gemeinschaft eingeschlichen hatten.
Sie waren gekommen, unseren Frieden zu stören. Sie wollten das Wissen der Atlanter für sich haben und unser Volk zerstören.
Das Wissen konnten sie erst nicht erlangen, denn die Priester und Wissenden unseres Volkes ließen sich nicht mit ihnen ein. Aber nach und nach konnten sie andere für sich gewinnen und wurden immer stärker.
Neid, Gier und Machtmissbrauch wuchsen und verdrängten unsere Harmonie. Und schließlich kam es auch zum Missbrauch von Wissen.
Dies konnte Gott nicht zulassen, und so kam es zum Untergang des zweiten Atlantis auf Erden.

Ich bin Hemenas, Dein anderer spiritueller Lehrer.
Auch ich bin hocherfreut, dass diese neue Zeit jetzt angebrochen ist und Du den Weg für uns bereitest. Wir warten schon sehr lange auf diesen Zeitpunkt.
Wir alle sind voller Dankbarkeit für das, was Du und Zela für uns getan habt.
Wir würden uns freuen, wenn wir alle wieder zusammen in einer Gemeinschaft leben könnten, wie früher.
Ich spreche für alle, aber Gott hat anderes mit uns vor.
Wir geben uns gerne in diese neuen Aufgaben. Wir werden uns wiedersehen, ich bin mir sicher.
Vertraue, mein Kind, Dein Leben wird jetzt sehr glücklich werden.
Du hast Großes getan für uns.
Wir werden Dir helfen, wo wir können.
Ich werde Dir erzählen, was wir Zela und Dich gelehrt haben.
Es geht um die Liebe. Wir Atlanter haben das Herz weit offen. Es ist offen für jedermann, für jeden Atlanter, für jedes Wesen, das in unsere Nähe kommt.
Unsere Liebe ist allumfassend, sie ist immer und überall da.
Begegne anderen in Liebe, und sie werden dir in Liebe begegnen.

Ich heiße Xanteras. Ich war ein Wissender in Atlantis. Ich kannte das geheime Heilwissen der Atlanter.
Die Atlanter wussten viel über die Bewegungen der Planeten und Gestirne.
Sie kannten den Mondlauf, und sie verrichteten all ihre Heiltätigkeiten so, dass sie im Einklang mit den Planeten und dem Mond waren.
Sie hielten ihre Heilungszeremonien nach Einbruch der Dämmerung ab, wenn der Mond sich zeigte.
Die beste Zeit für Heilungen war die Zeit des Vollmonds. Hier konnten große Veränderungen geschehen. Doch auch in anderen Nächten wurden Heilungszeremonien abgehalten.

Man verrichtete erst ein Ritual für den Mond, dann begannen sie mit der Heilungszeremonie.
Wir lebten im Einklang mit dem All. Und wir lebten nach Gottes Willen, sein Wille war unser höchstes Gebot.
Die Menschen in diesem Zeitalter haben verlernt, dass man Harmonie im Kleinen und im Großen haben muss, um Harmonie zu erhalten. Vieles auf der Erde ist in Disharmonie geraten und verursacht Katastrophen.
Die meisten Menschen tun sich schwer, die Zusammenhänge zu verstehen.

Ich bin Alana. Auch ich war eine Priesterin in Atlantis. Ich arbeitete mit Euch zusammen im Tempel. Diese Zeit war so wundervoll.
Unser Heilungstempel war die Reinheit selbst, so wunderschön. Wie vermisse ich ihn und das Leben darin.
Seine Säulen strahlten. Seine Form war fast rund mit zwölf Nischen. Die Säulen standen in diesem Bereich näher zusammen, um etwas Schutz zu gewähren. Dort wurden die Heilungssuchenden behandelt.
In der Mitte des Tempels stand ein Altar, genauso strahlend schön wie die Säulen. Über dem Altar befand sich eine große Öffnung im Dach, durch die der Mond hereinzuschauen pflegte, denn wir heilten mit der Kraft des Mondes.
Unsere Zeremonien waren Rituale.
Wir ehrten Gott, wir beteten für die Heilung eines Kranken und wir dankten ihm von ganzem Herzen.
Gott war barmherzig, wir heilten viele Atlanter. Es war eine große Gnade, diese Arbeit tun zu dürfen. Ich sehne mich so sehr danach zurück, nach dieser göttlichen Atmosphäre.

Ich bin Selana, Deine Schwester. Auch ich konnte Atlantis verlassen, bevor die Energietore geschlossen wurden. Ich bin jetzt ein Mensch wie Du und unsere Mutter.
Wir sind uns vor kurzem begegnet.
Ich habe in dem Moment nicht begriffen, wer ihr seid.
Ich bin so traurig, dass ihr nicht mehr da seid. Könnte ich doch zurück in die Zeit in Atlantis mit euch.
Ihr fehlt mir so sehr.

Ich bin Menidas. Ich war ein Handwerker.
Ich baute Häuser für die Atlanter.
Ich liebte das Leben in Atlantis.

Ich bin eine Bäuerin aus Atlantis, mein Name ist Kalanda.
Wir waren so glücklich in Atlantis, mein Mann, ich und unsere Kinder. Wir waren Teil dieser wundervollen Gemeinschaft.
Wir gaben gerne ab von dem, was wir hatten, und bekamen von anderen, was wir brauchten.
Das Leben war leicht und voller Freude.

Ich bin Xanteras, der Wissende. Wir begannen vor langer Zeit, die Erde zu besiedeln.
Wir verließen unseren Planeten, weil er dem Untergang geweiht war.
Das Gleiche geschah hier auf der Erde.
Das Atlantis auf der Erde ging mit uns unter.

Gott will uns lehren, dass weder nur das Gute und Positive für immer auf der Erde erhalten werden kann, noch das Negative und Schlechte auf lange Zeit bestehen kann.
Es braucht einen Ausgleich.

Ich bin ein Kind. Ich heiße Minas.
Ich war so glücklich in Atlantis mit meinen Eltern und meinen Freunden.

Ich bin Mareos, Dein Bruder. Ich möchte von unseren Aufgaben im Tempel erzählen.
Die Aufgabe der Priester war es, Gott zu ehren und seine Hilfe für die Heilungen zu erbitten.
Wir feierten unsere Zeremonien, in denen wir Opfergaben auf dem Altar aufbauten, Weihrauch entzündeten und Gebete sprachen. Es war ein Ritual, das täglich abgehalten wurde.
Wir hielten auch Zeremonien für den Mond ab und baten darum, dass die Kraft des Mondes unsere Heilungen unterstützen möge.
Es gab verschiedene Zeremonien für den Mond.
Bei Vollmond wurden Heilungszeremonien abgehalten, die eine sehr große Kraft benötigten und die eine große Veränderung herbeiführen sollten.
Bei abnehmendem Mond fiel die Kraft ab. Bei Neumond war die Kraft klar und rein, sie wurde gebündelt.
Wir hielten Zeremonien ab, in denen die Kristalle, die wir für unsere Heilungen verwendeten, mit dieser reinen Energie aufgeladen wurden.
Bei zunehmendem Mond nahm auch die Kraft stetig zu, und wir feierten viele Heilungszeremonien.

Ich bin Argonis, Dein Lehrer. Ich möchte etwas sagen über die göttliche Energie, die uns erfüllte.
Sie war so stark und rein, so kraftvoll und so strahlend, so unbeschreiblich schön.
Man fühlte sich beflügelt von dieser wundervollen Energie, diesem strahlenden Licht in sich.
Man fühlte sich in der Lage, alles tun zu können, jedes Ziel zu erreichen, jede Aufgabe erfüllen zu können.
Es war göttliche Energie, die uns erfüllte.

Ich bin Seraphos. Ich war ein Fremder unter den Atlantern. Ich bin einer von denen, die sich eingeschlichen haben und den Untergang von Atlantis herbeiführten.
Ich bereue zutiefst, was ich getan habe.
Niemals zuvor habe ich einen gastlicheren Ort gekannt. Nirgendwo bin ich liebevoller aufgenommen worden als dort.
Die Atlanter waren fürwahr ein Volk in Liebe und Harmonie.
Wir haben großes Unrecht auf uns geladen, dieses Volk zu zerstören.

Ich bin Giovanni und ich wäre Dein Sohn geworden in diesem Leben, wenn Du es zugelassen hättest.
Auch ich war mit Dir in Atlantis. Damals hieß ich Merikos.
Ich war ein Heilungssuchender, der zu Dir kam zur Heilungszeremonie. Du hast mich geheilt mit der göttlichen Kraft.
Ich war so glücklich, und ich war Dir so dankbar. Gerne wäre ich

Dein Sohn geworden. Ich bin ein Kind des Lichts. Ich sollte Dir Licht bringen in das Dunkel Deines Lebens.

Du hast einen anderen Weg gewählt. Einen schweren Weg, aber Du hast es geschafft.

Ich bewundere Dich, und ich habe Dir verziehen.

Wir werden uns wiedersehen zu einer anderen Zeit. Ich wünsche Dir viel Glück für Dein Leben.

Ich werde jetzt bald inkarnieren. Meine Eltern habe ich schon gefunden.

Ich werde ein Kristallkind sein, wie die anderen Seelen aus Atlantis, die in nächster Zukunft inkarnieren werden.

Du wirst mich wiedersehen.

Ich bin Psikoros. Ich war Töpfer in Atlantis. Ich stellte Teller und Krüge aus Ton her. Ich liebte Atlantis von ganzem Herzen.

Das Leben dort war wunderschön.

Ich bin eines Deiner Kinder. Ich heiße Danara.

Dein jüngstes Kind war ich, acht Jahre alt, als das Unglück geschah.

Ich war so glücklich in Atlantis.

Ich hatte Euch alle so lieb. Es ist, als hätte man mir ein Stück aus dem Herzen gerissen, das jetzt fehlt.

Ich liebe Dich, Malia, und diese Liebe wird für immer bestehen. Ich weiß, dass Du in diesem Leben noch nicht viel Liebe bekommen hast, aber wir alle hier lieben Dich von ganzem Herzen.

Ich bin ein Freund von Dir und Deiner Familie in Atlantis. Ich heiße Xegonis. Ich war einer der Wissenden, die sich mit Astrologie beschäftigten. Ich erzähle Dir von den Planeten.
Die Stellung der Planeten hat großen Einfluss auf unseren Zustand. Ist die Beziehung zwischen zwei Planeten disharmonisch, entstehen auch in unserem Leben Disharmonien und Spannungen. Harmonie und Disharmonie zwischen Planeten strahlen auf die Erde ab, wie auch Harmonie und Disharmonie von der Erde ins Universum abstrahlen und dort Einfluss ausüben.
Die Planeten hatten großen Einfluss auf uns, und wir konnten Einfluss auf sie nehmen, über die Zeremonien. Wir richteten Zeremonien aus, die die Planetenkonstellationen besänftigen sollten.
Wir bemühten uns immer um Harmonie und Ausgleich.

Ich, Elias, habe in Atlantis große Dinge vollbracht. Gott hat mir sehr viel Kraft geschenkt. Kraft, die Wunder vollbringen kann.
Meine Schwingung ist sehr, sehr hoch. Ich konnte schon zu Lebzeiten ohne meinen Körper reisen und Kranke heilen, die nicht in den Tempel kommen konnten.
Ich wurde telepathisch gerufen.
Gott erteilte mir Aufträge, die ich gerne erfüllte.
Mal ging es um die Heilung der Erde, und ich musste an bestimmte Plätze reisen, und dort Heilung geschehen lassen. Ein anderes Mal ging es darum, die Weltenmeere, die sehr aufgebracht waren, zu beruhigen.
Auch wurde ich gesandt, Konflikte zwischen den Planeten auszugleichen.
Dies geschah entweder über Zeremonien, die harmonisieren sollten, oder über Heilungen am Ort des Geschehens. Ich reiste mit Lichtgeschwindigkeit dorthin, brachte die Sache in Ordnung und kam genauso schnell wieder zurück.
Auch heute, ohne Körper, kann ich noch die gleichen Arbeiten verrichten.Gott hat mich gesegnet mit dieser Kraft, und ich habe sie

Gott immer gerne zur Verfügung gestellt. Das Gleiche sollte für jeden gelten.
Gott hat uns die Kraft gegeben, und wir sollten sie nach seinem Willen einsetzen, wenn er es wünscht.

Ich, Elias, erfülle noch immer göttliche Aufgaben. Ich helfe Gott Vater, die Erde zu heilen, damit sie aufsteigen kann.
Zu diesem Zweck werden die Atlanter in nächster Zukunft als Menschen inkarnieren und sich mit den anderen Menschen vereinigen, um die Energie der Menschen und der Erde weiter anzuheben.
Die energetische Anhebung ist unaufschiebbar.
Die Nicht-Achtsamkeit der Menschen hat die Harmonie der Erde zerstört.
Es stehen große Katastrophen bevor, wenn das Energieniveau nicht angehoben wird.
Deshalb werden wir den Menschen helfen, die Erde zu heilen.
Wir freuen uns auf diese Aufgabe. Dürfen die Atlanter doch endlich wieder am irdischen Leben teilnehmen.
Jeder hat seine Aufgabe zu erfüllen, auch die, die schon vorher da waren. Auch sie spüren in dieser Zeit, dass etwas Großes geschehen wird, und jeder bereitet sich auf seine Weise darauf vor.
Die Welt ist im Umbruch.
Viele, die an diesem Aufstieg nicht teilnehmen können, werden die Erde verlassen.
Die anderen werden den energetischen Aufstieg Stück für Stück mitgehen.
Dadurch wird eine Veränderung erzeugt auf der Erde und im Verhältnis der Erde zu den anderen Planeten.
Die Erde wird heil werden, wenn alles so geschieht, wie ich es mir vorstelle.
Ich sage Euch, was Ihr zu tun habt.
Es werden immer kleine Schritte sein, die Euch jeweils eine Stufe höher bringen in Eurer Energieschwingung.

Ich bitte Euch, meinem Rat zu folgen, damit wir das Ziel erreichen. Als Erstes möchte ich, dass Ihr betet, dass Ihr Gott dankt für jeden Tag, den Er Euch schenkt.
Denkt daran, Ihr lebt durch Gott und Gott lebt durch Euch. Ihr seid die Kraft Gottes, diese Kraft lebt in Euch.
Durch diese Kraft könnt Ihr alle Dinge tun, die Gott von Euch verlangt. Ihr seid in der Lage, Dinge zu tun, die Ihr aus eigenem Antrieb niemals tun würdet. Doch wenn es Eure Aufgabe ist, wenn Gott dies von Euch wünscht, gibt es kein Wenn und Aber, dann erfüllt Ihr Seinen Wunsch.

Gott hat mir den Auftrag gegeben, die Erde durch die Zeit des Aufstiegs zu führen und ihr Heilung zu bringen.
Ich bitte Euch, Ihr lieben Kinder, bei dieser göttlichen Aufgabe zu helfen. Wenn Ihr alle mithelft, kann der Aufstieg der Erde nur gelingen.
Darum nehmt Euch meine Ratschläge zu Herzen und versucht der Erde bei ihrer Heilung zu helfen.
Erkennt Eure göttlichen Aufgaben in diesem großen Zusammenspiel, nehmt sie wahr und versucht sie zu erfüllen, es geschieht zu unser aller Harmonie und Frieden.
Erfüllt eure göttlichen Aufgaben, wie ich die meinen erfülle, geht den Weg des Aufstiegs mit, findet Liebe und Harmonie in Eurem Leben, dann kann der Aufstieg der Erde nur gelingen.

Ich, Elias, wünsche mir, dass möglichst viele Menschen meinem Rat folgen. Dies führt nicht nur zu einer Schwingungserhöhung, es führt Euch auch zu einem glücklichen und harmonischen Leben. Ihr lasst die Harmonie in Euer Leben ein.

Der Schlüssel dazu ist die Liebe. Lasst Eure Liebe sich verströmen, wo immer sie hin will. Schickt sie zu jedem Menschen, jedem Tier, jeder Pflanze, jedem Land, jeder Landschaft, auch jedem Ding, das Eurer Liebe bedarf.
Und lasst Eure Liebe auch in Worten sich ausdrücken, damit die Menschen, mit denen Ihr zusammen seid, diese Liebe spüren und erfahren.
So, wie Ihr Euch wünscht, geliebt zu werden und Bestätigung zu erfahren, so schenkt auch den anderen Eure Liebe und Bestätigung und lasst nichts zur Gewohnheit werden, was andere Menschen für Euch tun.

Liebe Kinder Gottes! Ich, Elias, möchte Euch erzählen, wie die Dinge in Atlantis waren, bevor der Missbrauch begann.
Wir waren eine riesige Gemeinschaft.
Wir waren alle miteinander verbunden durch die Liebe. Das Gefühl der Trennung, das Ihr kennt, gab es bei den Atlantern nicht.
Wir waren eins.
Wir lebten in Liebe und Harmonie.
Jeder gab, jeder empfing.
Wir halfen einander in jeder Situation.
Die Menschen kamen mit allen Problemen in den Tempel.

Ich bin Elektra. Ich war Priesterin, zusammen mit Dir.
Atlantis war wundervoll, wie sehr liebte ich es. Alles, was wir im Tempel taten, war so schön, so erfüllend.
Gerne würde ich in jenes Leben zurückkehren, aber wir sind hier, um eine neue Aufgabe zu erfüllen.
Ich freue mich darauf. Gott zu dienen ist unser Leben. Wir erfüllen

Ihm gerne diesen Wunsch. Es ist uns eine Freude, der Erde zu helfen und sie vor dem Untergang zu erretten.
Ich bitte all jene, die unsere Worte lesen, der Erde mit Freude zu helfen.

Ich bin Xantia. Auch ich war Priesterin in Atlantis.
Ich sehne mich nach meinen Aufgaben als Priesterin zurück. Alles, was wir taten, war so göttlich, so erhaben.
Möge Dein Leben sich jetzt zum Guten wenden.
Ich wünsche es Dir.

Ich bin Argonis, Dein Lehrer. Ich möchte Euch Menschen sagen, wie viel Glück Ihr habt, dass Ihr nicht das gleiche Schicksal erdulden sollt wie wir Atlanter.
Die Erde soll geheilt werden, und wir dürfen Euch helfen. Dies ist eine wundervolle Aufgabe.
Wir geben unser Bestes.

Ich bin Kaminis. Ich war ein Freund von Dir, Malia.
Wir sind zusammen aufgewachsen. Ich habe in Dir immer eine Schwester gesehen. Und sie fehlt mir, diese Schwester. Auch ich werde bald inkarnieren. Ich kenne meine Eltern schon.
Es wird wundervoll werden.
Ich freue mich sehr.
Endlich können wir etwas tun.

Ich bin Sekana. Ich war eine Wissende. Auch ich beschäftigte mich mit der Astrologie, mit den Planeten im All.
Mein Liebling war die Sonne und die Macht der Sonne über die Erde.
Ohne die Sonne wäre hier kein Leben möglich.
Wie viel verdanken wir der Sonne.
Es ist kein Wunder, dass so viele Völker die Sonne anbeteten.
Doch Gott hat auch die Sonne erschaffen, Er ist allmächtig.

Ich bin Hemenas, Dein Lehrer. Ich bin glücklich, dass die Zeit der Inkarnationen beginnt. Die Seelen warten schon so lange. Sie freuen sich alle auf diese Aufgabe.
Wir bitten die Menschen, die Kristallkinder liebevoll aufzunehmen.
Ihr könnt viel von ihnen lernen.
Vereinigt Euch mit ihnen und lasst viel Gutes daraus entstehen.
Ihre Liebe ist grenzenlos.
Erwidert diese Liebe genauso, und gebt dieser Liebe immer mehr Raum in Eurem Leben.
Versucht den Kristallkindern nachzueifern, damit immer mehr Liebe entstehen möge auf diesem Planeten.

Ich, Elias, bitte die Seelen aus Atlantis zu inkarnieren. Sie sollen Menschen werden mit atlantischem Ursprung. Sie sollen den Menschen die Liebe lehren.
Möge die Liebe auf Erden groß und stark werden.
Die Liebe allein hilft der Erde zu heilen. Die Liebe heilt jeden

Schmerz, im Menschen, im Tier, in der Pflanze, in der Erde, wo auch immer er sei.
Die Liebe heilt, sie ist sehr machtvoll. Durch die Liebe schickst Du göttliche Energie zu jedem Bedürftigen.
Liebe auch Dich selbst, denn auch Du bist aus göttlicher Energie erschaffen. Wie kannst Du einem anderen Liebe schenken, wenn Du Dich nicht selbst liebst, wenn Du Deine eigene göttliche Energie in Dir nicht liebst.
Gott hat Dich erschaffen aus Seiner Energie.
Auch Du bist göttlich.
Du hast einen göttlichen Funken in Dir, der größer und größer werden kann, wenn Du Dich selbst liebst und wenn Du deine göttlichen Aufgaben wahrnimmst.

Ich bin Makaros. So hieß ich damals in Atlantis. Ich habe Dich getroffen und bin in Liebe entbrannt.
Ich liebe Dich von ganzem Herzen und wünschte, wir könnten zusammen sein, doch ich kann es nicht.
Ich kann meine Familie nicht verlassen. Hier ist mein Platz.
Es tut mir von Herzen leid, dass ich Dir so wehgetan habe. Ich kann nicht anders handeln.
Möge Gott uns wieder zueinander führen in einer anderen Zeit.
Ich wünsche Dir alles Glück dieser Erde, Malia.
Verzeih mir.

Wir werden den Menschen bei der Schwingungserhöhung helfen. Die Liebe wird stark werden auf der Erde, die Erde wird heilen.
Ihr alle sollt Euren Teil dazu beitragen, doch ist dies keine Pflicht.
Die Erfüllung von Gottes Aufträgen führt Euch zu einem glückli-

chen und erfüllten Leben. Versteht: Ihr tut es aus freiem Willen, weil Ihr an Gott glaubt. Und er schenkt Euch so viel dafür.
»Indem ich dem göttlichen Pfad folge, wird für all meine Bedürfnisse gesorgt.«
Je mehr Ihr diesem Weg folgt, desto mehr wird dies in Eurem Leben Wirklichkeit werden.
Dankt Gott für alles, was er für Euch tut.
Dankt ihm. Er ist immer für Euch da.

Liebe Kinder Gottes!
Ich wünsche mir, dass Ihr alle den Weg zu Gott findet, dass Ihr diese unendliche Liebe fühlt, in der wir geborgen sind.
Seine Liebe ist Einheit.
Das Gefühl der Trennung verschwindet, und alle Emotionen, die durch das Gefühl der Trennung hervorgerufen wurden, lösen sich auf.
Die Angst löst sich auf, und das Vertrauen erwacht.

Ich, Elias, vertraue in Euch. Ich weiß, Ihr werdet Euer Bestes geben, so wie ich mein Bestes gebe.
Gott vertraut mir, ich erfülle alle Seine Wünsche.
Gott ist die höchste Schwingung.
Alles im Universum schwingt. Menschen haben eine Schwingung, auch Gegenstände, jedes Tier, jede Pflanze, Steine, alles hat eine bestimmte Schwingung. Tritt der Mensch in Kontakt mit etwas, das eine andere Schwingung besitzt, muss er seine Schwingung verändern, anpassen.
Trittst Du in Kontakt mit einer Wesenheit aus der Geistigen Welt, musst Du Deine Schwingung erhöhen und die geistige Wesenheit

muss ihre Schwingung erniedrigen, damit ein Kontakt entstehen kann. Es ist ein Angleichen der Schwingung.

Ich möchte Euch allen danken, dass Ihr unsere Worte lest und bereit seid, diesen Weg zu beschreiten, den Weg der Liebe und Heilung.
Ihr habt es verdient, Liebe und Heilung zu erfahren.
Folgt meinem Rat und findet unendliche Liebe und Harmonie in Eurem Leben.

Ich, Elias, möchte Euch sagen, wie dankbar Gott, unser Schöpfer, ist, dass diese Arbeit getan wird.
Er ist voller Freude über Euren Wissensdurst und Eure Bereitschaft zu helfen.

Ich bitte Euch, Eure göttlichen Aufträge zu erfüllen, das Leben der Erde steht auf dem Spiel.
Ich wünsche mir, dass alle, die dieses Buch lesen, mit Freude und Begeisterung meinen Ratschlägen folgen.
Bringt Liebe und Harmonie auf den Planeten Erde und helft der Erde zu heilen.
Tut dies für Euer eigenes Heil und das Heil der Erde.
Gott Vater wird Euch Eure tiefsten Wünsche erfüllen.
Das Leben kann für Euch so einfach und harmonisch sein, wenn Ihr Euch Eurem Schöpfer zuwendet. »Indem ich dem göttlichen Pfad folge, wird für all meine Bedürfnisse gesorgt.«

Liebe Kinder, unser Gott ist ein liebender Gott. Er liebt alle seine Kinder. Er schenkt Euch das Leben, damit Ihr wundervolle Dinge hier auf Erden vollbringen könnt.
Leider vergesst Ihr im Alltag allzu oft Eure Aufgaben, deshalb erlebt Ihr Schicksalsschläge, die Euch zu Eurer eigentlichen Aufgabe zurückführen sollen.
Dies ist der Sinn und Zweck, dass Ihr Euch auf Eure ursprünglichen Aufgaben besinnt, die Ihr mitgebracht habt in Euer Leben.
Öffnet Euch für die Zeichen des Himmels, öffnet Euch für Eure geistigen Helfer, nehmt ihre Hilfe an. Sie helfen Euch gerne, sie warten darauf, Ihr müsst sie nur darum bitten. Gerne helfen sie Euch, Eure Aufgaben zu erkennen und zu erfüllen.
Lasst die Engel und Eure geistigen Helfer an Eurem Leben teilhaben, lasst sie Euch helfen.
Euer Leben wird viel erfüllter sein.
Glaubt und vertraut.
Dies ist der Weg zu einem wundervollen und erfüllten Leben.

Die Liebe ist das Wichtigste im Dasein, im irdischen wie auch im geistigen Leben. Doch meine ich nicht die besitzergreifende Liebe, sondern die selbstlose, bedingungslose Liebe.
Verschenkt Eure Liebe, lasst die Liebe fließen in Eurem Leben, und die Liebe kommt zu Euch zurück.
Räumt Missverständnisse aus, lernt anderen und Euch selbst zu vergeben.
Bringt Harmonie in Euer Leben. Es braucht die Harmonie in allen menschlichen Beziehungen.
Lasst Eure Ängste los, möge die Liebe diese Emotionen auflösen.
Die Liebe wird das Gefühl der Einheit wiederherstellen.

Gott ist die unendliche Liebe, kommt Ihr zu Ihm, kommt Ihr in die Liebe. In der Liebe ist die Einheit, hier gibt es keine Trennung.
In der Liebe herrscht vollkommene Harmonie.

Ich, Elias, möchte Euch sagen, wie glücklich ich bin, dass dieses Buch nun geschrieben wird. Lange habe ich darauf gewartet, mich mitteilen zu dürfen. Gott, unser Vater, hat mich darum gebeten, und Malia schreibt meine Worte. Wir sind ein gutes Team.
Glaubt an Gott, unseren Schöpfer, und vertraut mir, seinem Diener. Ich führe Euch durch die Wogen des Aufstiegs.

Die Zeit des Aufstiegs beginnt jetzt, im Jahre 2006. Es folgen sechs heilige Jahre bis zum Jahre 2012.
Wir beginnen damit, Euch auf die Schwingungserhöhung einzustimmen. Betet und dankt Gott für Euer Leben, für jeden Tag, den er Euch beschert. Singt zu Seinem Lobpreis, lacht und freut Euch Eures Lebens.
Der Herr ist mit Euch. Glaubt und vertraut, betet und dankt.
Verlasst Eure eingefahrenen Wege, öffnet neue Türen. Die Erde ist im Umbruch. Viele Menschen sind in Aufruhr, Veränderungen finden statt. Es gilt, neue Wege zu gehen.
Liebe Erdenmenschen, lasst einmal alle Gewohnheiten los, öffnet Euch, um neue Wege zu gehen. Eure geistigen Helfer und Führer stehen bereit, Euch zu führen.
Achtet auf die Zeichen des Himmels. Ihr werdet lernen, sie zu verstehen, doch Ihr müsst die Bereitschaft aufbringen.
Viele Helfer möchten Euch durch die Zeit des Aufstiegs führen. Öffnet Euch, bittet sie um Hilfe und vertraut ihnen.
Alles wird gelingen. Wir wollen jetzt über den Aufstieg sprechen.

Die Schwingung dieses Planeten wird sich erhöhen, das bedeutet, dass alles, was geschieht auf diesem Planeten, sich verstärkt. Das Licht wird mehr Licht, aber auch das Negative wird negativer und extremer, Krieg und Naturkatastrophen werden zunehmen.
Deshalb ist es so wichtig, dass die Menschen ihre Schwingung anpassen und den Aufstieg mitgehen.
Die Schwingungserhöhung dieses Planeten ist notwendig, um ihn zu heilen und die Harmonie dieses Planeten wiederherzustellen.
Wir alle wollen diesem Planeten helfen.
Und so bitte ich Euch, helft auch Ihr.
Wir gehen diesen ersten Schritt gemeinsam, sammelt Euch innerlich und sprecht: »Ich will unserem Planeten Erde helfen aufzusteigen. Ich erfülle mit Freuden alle Aufgaben, die Gott mir gibt, und trage meinen Teil zu dieser Schwingungserhöhung bei.«
Dies ist der erste Schritt. Und ich hoffe, wir werden dabei sehr viele sein. Sprecht mit anderen Menschen darüber und versucht, sie dafür zu begeistern. Es ist sehr, sehr wichtig.
Die Schwingung der Erde erhöht sich, und Ihr passt Eure Schwingung der Erde an.
Sie wird höher und höher steigen. Ihr werdet immer mehr wahrnehmen, was um Euch herum geschieht, Ihr werdet größere Zusammenhänge des Geschehens auf der Erde erfassen.
Die Erde soll aufsteigen, und Ihr tragt Euren Teil dazu bei.
Gott ist Liebe.
Er wird Euch allen zu einem glücklichen Leben verhelfen.

Wir werden die Erde heilen mit unser aller Hilfe. Gott hat für jeden eine Aufgabe, es werden ganz unterschiedliche Aufgaben sein. Die Seelen aus Atlantis suchen Mütter und Väter, die bereit sind, diese Kinder zu bekommen und großzuziehen.
Sie brauchen Eltern, die sich gerne auf sie einstellen und ihre unendliche Liebe erwidern.
Diese Kinder sind etwas ganz Besonderes, sie werden viel Licht auf

die Erde bringen. Schützt sie und sorgt gut für sie, denn sie sind der Weg in die Zukunft.
Manche haben ihre Eltern schon gefunden, andere warten noch. Sie werden für Euch eine Oase der Freude und der Liebe sein.
Jedoch dürft Ihr sie nicht mit den gleichen Maßstäben messen, wie Ihr andere Kinder messt.
Kinder des Lichts sind Kinder von einem anderen Stern.
Sie lassen sich nur schwer in herkömmliche Vorstellungen pressen.
Sie brauchen viel Liebe, viel Nachsicht und die Möglichkeit der freien Entfaltung.
Allen, die ein Karma haben, erscheinen diese Kinder wie Traumtänzer. Sie sind frei, ihre Liebe und ihre Freude zu leben.
Ihr glaubt gar nicht, wie wundervoll das ist.
Habt Ihr nicht alle oft einen Grund, warum Ihr nicht glücklich sein könnt? Das kennen diese Kinder nicht.
Doch dürft Ihr sie nicht ob ihrer Unbekümmertheit schelten, denn dies ist ihre Stärke, nicht ihr Manko.
Freut Euch auf diese Kinder, sie bringen viel Licht und Liebe in Euer Leben.
Gewiss befinden sich einige unter Euch, die diese Aufgabe erfüllen wollen. Ich wünsche Euch den Mut und die Liebe, diese Kinder zu wundervollen Menschen zu erziehen.

Vertraut, liebe Kinder, Ihr werdet diese Aufgabe mit Bravour erfüllen. Sie wird Euch viel Freude bereiten.
Das, was Ihr gebt, kehrt vielfach zu Euch zurück.
Ihr werdet so viel Glück und Liebe erhalten, wie Ihr Euch nur erträumen könnt.
Ich segne all die, die diese Aufgabe erfüllen.

Ich bin Mareos, Dein Bruder. Ich bewundere sehr, was Du tust. Du bist uns allen eine große Hilfe. Gerne würde ich Dir beistehen und Dir helfen, diese Aufgabe zu erfüllen, doch Gott hat anderes für mich vorgesehen. Ich werde bald inkarnieren.
Ich freue mich auf die Aufgabe, die ich zu erfüllen habe.

Ich, Elias, freue mich auf den Anbruch dieser neuen Zeit. Die Erde wird sich verändern, und wir mit ihr.
Wir werden die Erde zu einem Ort der Liebe machen. Harmonie und Frieden sollen sich über die ganze Erde verbreiten. Das Gefühl der Einheit wird wachsen.
Das ist das Ziel, das ich ansteuere. Die Erde wird heilen durch unsere Liebe, durch Harmonie und Frieden.
Fangt im Kleinen an, und versucht alle Disharmonien in Eurem Leben aufzulösen. Alle Missverständnisse mit Ehepartnern, Lebenspartnern, Kindern, Eltern, Freunden zu lösen.
Bemüht Euch, diese Dinge zu klären, zu vergeben, wo es etwas zu vergeben gibt, um Vergebung zu bitten, wenn ihr Euch schuldig fühlt, und Eure Taten zu bereuen. Bittet die Seelen, denen Ihr etwas angetan habt, um Vergebung. Ihr müsst dies nicht immer mit dem Menschen persönlich tun. Wir können die Seele eines Menschen anrufen und mit ihr alle Disharmonien auflösen.
Wir können bestimmte Taten vergeben, oder wir sprechen: »Ich vergebe Dir alles, was Du mir jemals angetan hast, sei es in diesem, sei es in vorherigen Leben, und erlöse alle zwischen uns gebundenen Energien. Du bist frei.«
Hast Du Schuld auf Dich geladen, dann bereue dieser Seele gegenüber Deine Tat und sprich: »Ich bereue alles, was ich Dir jemals angetan habe, sei es in diesem, sei es in vorherigen Leben. Ich bitte dich um Vergebung. Bitte verzeih mir.«
Spürst Du nach einer Weile Erleichterung, dann bedanke Dich bei dieser Seele. Bittet auch Gott um Vergebung, und vergebt Euch selbst. »Ich vergebe mir diese Schuld, die ich auf mich geladen

habe. Ich vergebe mir und erlöse hiermit alle damit verbundenen Energien in mir. Ich bin frei.«
Manchmal müsst ihr diese Sätze auch öfter wiederholen, um Erleichterung zu erfahren.
Tut dies, wenn ihr alleine seid und Ruhe habt, und sprecht alles laut aus. Ihr werdet eine Wirkung verspüren.

Habt Ihr Harmonie mit Euren Mitmenschen gefunden, segnet sie, segnet Euer Zuhause, Eure Liebsten, segnet alle, die Ihr segnen möchtet, und besonders jene, bei denen es Euch schwerfällt.
Einen Menschen zu segnen bedeutet, ihm den Segen Gottes zu wünschen, ihm das Wohlwollen Gottes zu bescheren.
Er wird sich Euch gegenüber wandeln.

Die Liebe auf der Erde wird groß und stark werden. Mit Eurer Hilfe werden wir es schaffen.
Ich freue mich sehr, dass so viele dabei sind und helfen wollen. Ich segne Euch, liebe Kinder.
Großes wird Euch gelingen.

Gibt es etwas in Eurem Leben, mit dem Ihr nicht zufrieden seid, so mäkelt nicht daran herum. Betet zu Gott, bittet Ihn, es so zu gestalten, wie Ihr es Euch wünscht. Stellt es Euch in Vollkommenheit vor. Gebt Eure Liebe hinein und behandelt es so, als sei es vollkommen. Ich will das noch einmal an einem Beispiel erklären.

Du hast ein Körperteil, das Dir nicht gefällt. Bitte Gott, es in Vollkommenheit zu gestalten. Stell es Dir vollkommen vor. Schick Deine Liebe hinein. Liebe dieses Körperteil, freue Dich über dieses vollkommene Körperteil. Du musst es so sehen, als sei es vollkommen, als sei die Veränderung schon geschehen.
Und nun lass die Veränderung zu.
Glaube und vertraue, und lass es einfach geschehen.
Ihr müsst die Vollkommenheit immer vor Augen haben. Ihr dürft niemals sagen, ich will dies oder das nicht haben. Dies erzeugt genau das Gegenteil. Eine Verneinung gibt es in der Geistigen Welt nicht. Ihr müsst immer alles in positiven Sätzen formulieren, und Ihr müsst Euer Ziel, egal welcher Art, bereits vor Euch sehen, als hättet Ihr es schon erreicht.
Glaubt und vertraut.

Ich bin es, Selana, Deine Schwester. Ich bin glücklich, dass ich Dir begegnet bin. Plötzlich fühle ich mich erleichtert, als hätte ich etwas wiedergefunden, das ich verloren glaubte.
Ich weiß jetzt wieder, dass alles wahr ist, was damals geschehen ist in Atlantis. Ich möchte Dich wiedersehen und von Dir lernen.
Ich weiß, Du hast Atlantis für Dich wiederentdeckt und Deine Aufgabe gefunden.
Auch ich muss doch eine Aufgabe haben, die zum Aufstieg beiträgt. Kannst Du mir helfen?

Selana, meine Tochter. Auch Du hast eine Aufgabe. Sorge Dich nicht, sie wird auf Dich zukommen, wenn die Zeit reif ist.
Und Du wirst sie hervorragend erfüllen. Glaube und vertraue.
Atlantis existiert und kommt auch zu Dir zurück.

Ich liebe Dich, meine Tochter. Wir sehen uns wieder.
Elias, Dein Vater.

Wir wollen uns jetzt das Thema Heilung ansehen.

Heilung kann immer dann geschehen, wenn der Körper in der Bereitschaft ist zu heilen. Hat er aber einen guten Grund, die Krankheit zu behalten, kann auch keine Heilung geschehen.

Das heißt: Ist die Krankheit dem Menschen von Nutzen, so wird er sie nicht loslassen.

Hast Du eine Arbeit, die Du nicht gerne tust, und bekommst Du eine Krankheit, die Dich daran hindert, sie auszuführen, ist Dir diese Krankheit von Nutzen, denn Du willst ja gar nicht arbeiten.

Willst Du also die Krankheit ausheilen, musst Du die Situation verändern. Entweder Du suchst Dir eine andere Arbeit, die Du gerne ausübst, oder Du musst Deine Einstellung gegenüber Deiner Arbeit ändern. Dies kannst Du erreichen über das Ausgleichen von Disharmonien mit Kollegen oder Deinem Chef.

Hier geht es um das Thema Vergebung, über das ich schon gesprochen habe. Außerdem geht es um das Loslassen von negativen Gefühlen gegenüber der Arbeit oder der Arbeitsstelle.

Überlege Dir, welches Gefühl Dich am meisten belastet in Bezug auf Deine Arbeit, und sprich: »Ich lasse das Gefühl der .... vollkommen los, auf allen Ebenen meines Seins, auf der seelischen, der geistigen und der körperlichen Ebene, für immer und alle Zeiten, für dieses Leben, für alle vorherigen Leben und für alle künftigen Leben. Ich bin frei, ich bin frei, ich bin frei.«

Bitte Deine geistigen Führer, Dir dabei zu helfen, dieses Gefühl vollständig loszulassen. Vielleicht sind es auch mehrere Gefühle, die Dich belasten, dann musst Du dies nach und nach mit allen Gefühlen machen. Versuche präzise herauszufinden, um welche Gefühle es sich handelt.

Es ist wichtig, dass Du sie genau benennst. Du kannst Deine geistigen Führer um Hilfe bitten, dass sie Dir ein Zeichen geben

mögen, wenn Du das richtige Wort gefunden hast. Es funktioniert – vertraue!
Hast Du alle negativen Gefühle gegenüber Deiner Arbeitsstelle aufgelöst, wird auch die Krankheit verschwinden, die Dich an der Ausübung Deiner Arbeit hindert.

Ich bin ein Marsbewohner. Einst habe ich auf dem Planeten Atlantis gelebt. Ich bin ein Atlanter, der seine Zuflucht auf dem Mars gefunden hat, zusammen mit vielen anderen Atlantern, nach dem Untergang von Atlantis.
Wir leben hier schon seit Jahrtausenden, unser Volk ist hier heimisch geworden. Noch immer leben wir in vollkommener Harmonie und Frieden, und die Liebe unter uns ist noch genauso stark wie auf dem Planeten Atlantis.
Es gibt keine anderen Bewohner auf dem Mars, die unsere Liebe und Harmonie hätten zerstören können, wir sind sehr glücklich hier.
Ich bin Tegor.
Bei uns gibt es keine Männer und Frauen wie bei Euch, wir sind Zwitter, Mann und Frau in einer Person. Wir leben in Partnerschaften, und wir können alle Kinder bekommen.
Ich bin der höchste Priester hier auf dem Mars. Wir haben einen wundervollen Tempel, ähnlich dem auf dem Planeten Atlantis, er ist aus Licht und aus Kristall.
Wir halten unsere Zeremonien ab wie auf Atlantis, richten uns in allem nach den Planeten, und wir danken Gott, dass Er uns diesen Planeten geschenkt hat, um hier zu leben.
Wir sind sehr glücklich hier.
Ihr Menschen müsst sehr dankbar sein, dass Gott Euch die Gnade schenkt und die Atlanter als Menschen inkarnieren lässt. Sie werden Euch sehr viel Licht bringen. Ladet sie zu Euch ein, nehmt sie auf wie göttliche Kinder und freut Euch an ihnen.
Seid dankbar, dass sie Euch helfen, Euren Planeten zu heilen.
Gott ist mit Euch.

Tegor war einer unserer Priester auf dem Planeten Atlantis. Er war sehr angesehen.
Er hat die Führung dieses Volkes auf dem Mars übernommen.
Er ist überglücklich, dass er hier sprechen darf.

Ich bin ein Atlanter, der auf dem Jupiter lebt.
Ich lebe mit meinem Volk, den Atlantern, seit dem Untergang des Planeten Atlantis auf dem Jupiter.
Wir sind eine große Gruppe, einige Tausend.
Wir leben noch immer in Harmonie und Frieden, und wir schenken unsere Liebe jedem.
Unsere Herzen sind voller Liebe.
Wir lieben das Leben hier auf dem Jupiter sehr, es ist fast wie auf dem Planeten Atlantis.
Das Leben hier ist sehr angenehm, wir sind unter uns, es gibt keine anderen Bewohner.
Ich bin Antanas. Ich bin der höchste Priester.
Wir führen unser Leben hier wie auf dem Planeten Atlantis. Wir haben Heilungstempel, und wir halten unsere Zeremonien ab wie auf Atlantis. Wir tun alles in Harmonie mit dem All.
Wir achten auf die Planetenkonstellationen und sorgen für Harmonie in allen Belangen.
Wir sind glücklich, diesen Platz gefunden zu haben, und wir danken Gott aus tiefstem Herzen.
Er hat uns gesegnet.

Antanas war der höchste Priester auf dem Planeten Atlantis. Er führte seine Gruppe auf den Jupiter.
Er ist sehr glücklich dort.
Er möchte den Menschen mitteilen, dass ein Leben in vollkommener Harmonie und Frieden möglich ist.
Er ist dankbar, dass er hier sprechen durfte.
Noch nie ist etwas Ähnliches geschehen, der Austausch zwischen den Planeten könnte für alle hilfreich sein.

Ich bin Menikos.
Ich war mit Dir in Atlantis, Malia.
Ich war ein Junge. Ich wollte Priester werden und habe bei Dir im Tempel gelernt.
Es war wunderschön.
Du hast mich so vieles gelehrt, ich bin Dir so dankbar.
Ich möchte die Zeit zurückdrehen und wieder mit Euch allen in Atlantis sein, in dieser wundervollen Zeit. Niemals kann ich das vergessen.
Ich liebte das Leben in Atlantis so sehr.

Ich, Elias, bin sehr froh, dass Tegor und Antanas hier gesprochen haben. So versteht Ihr, was damals geschehen ist beim Untergang des Planeten Atlantis.
Wir teilten uns auf, um den Mars, den Jupiter und die Erde zu bevölkern. Die beiden Völker auf dem Mars und dem Jupiter konnten ihren atlantischen Ursprung bewahren und in Liebe und Harmonie in ihrer neuen Heimat weiterleben.
Wir auf der Erde sind von anderen Völkern unterwandert worden, die unsere Harmonie und unseren Frieden zerstört haben.

Ich bin eine Seele aus Deinem Atlantis hier auf Erden, dem zweiten Atlantis.
Ich heiße Aranos. Ich bin ein Atlanter.
Ich habe das Leben in Atlantis geliebt, über alles. Ich war ein einfacher Mann, ich fertigte Gegenstände für Eure Zeremonien.
Ich liebte diese Arbeit, es waren so wundervolle Dinge, die ich anfertigen durfte, so erhaben.
Gott war immer bei uns, solange wir in der Liebe waren.
Alles war so wundervoll. Ich sehne mich nach unserem Leben in Atlantis. Möge Atlantis hier auf Erden neu entstehen.
Wir alle werden helfen, dass dies wahr werden kann.

Ich bin Xena. Ich war Deine Freundin in Atlantis, wir standen uns sehr nahe. Wir hatten größtes Vertrauen zueinander, und wir erzählten uns alles.
Ich begleite Dich schon seit langer Zeit. Ich sollte Dir helfen, Dein Karma zu bewältigen, damit Du die Kraft hast, Deine göttlichen Aufgaben zu erfüllen.
Nun ist es geschafft.
Du bist befreit von allem karmischen Leid, das Du je erlebt hast.
Die Liebe für die Menschen, die Du geliebt hast, bleibt bestehen.
Der Schmerz ist fort. Meine Aufgabe hier bei Dir ist erfüllt.
Ich darf jetzt gehen.
Sei nicht traurig, ich bin in Gedanken bei Dir.
Gott hat eine neue Aufgabe für mich, auch ich soll bald inkarnieren und ein Kind des Lichts werden, wir werden alle gebraucht.
Du bist jetzt frei, Deinen göttlichen Weg zu gehen und Deine Aufgaben zu erfüllen. Du hast die Kraft dazu.
Wir werden uns wiederbegegnen zu einer anderen Zeit. Viel Glück,

Malia. Ich wünsche Dir viel, viel Liebe in Deinem Leben. Du bist auf dem richtigen Weg.

Ich bin eine Seele aus Atlantis. Ich war ein Mitglied Deiner Familie, ich war Dein Onkel. Ich war ein Wissender, die Astrologie war mein Gebiet. Ich liebe die Sterne über alles, ich verstand sie.
Für mich waren die Sterne meine Kinder.
Ich registrierte ihre Bewegungen und verstand ihre Auswirkungen auf uns. Es war eindeutig.
Für mich war es kinderleicht, sie zu verstehen. So konntet Ihr mit Euren Zeremonien die Himmelskörper besänftigen und wieder in Harmonie bringen.
Ich vermisse das sehr, die Arbeit mit den Himmelskörpern. Hatte ich doch lange nicht die Gelegenheit, meine Beobachtungen mitzuteilen und entsprechende Zeremonien vornehmen zu lassen.
Die Menschen haben noch nicht gelernt, wie wichtig Harmonie ist und was sie für das Leben aller bedeutet. Auch die Dankbarkeit Gott gegenüber für ihr Leben und alles, was er ihnen beschert hat, fehlt vielen Menschen.
Wüssten sie doch, wie anders ihr Leben aussehen würde, wenn sie die Liebe in ihr Leben hineinlassen, Gott ihre Dankbarkeit erweisen und ihr Leben in Harmonie bringen würden.
Gott hat uns alles geschenkt, um ein glückliches und erfülltes Leben zu führen, wenn wir es nur verstehen, richtig mit diesen Gaben umzugehen.
Ich wünsche den Menschen, dass sie von den Atlantern lernen und Liebe und Harmonie über die ganze Erde verbreiten, damit sie heilen kann.
Ich stelle mein Wissen gerne zur Verfügung, wenn die Menschen reif dafür sind. Ich bleibe in der Geistigen Welt und werde von hier aus helfen. Gott ist damit einverstanden.
Ich heiße Tadanas.
Wenn Du meine Hilfe brauchst, darfst Du mich rufen.

Tadanas hat großes Wissen in sich gesammelt. Er weiß mit den Himmelskörpern umzugehen.
Gott wünscht sich, dass auch hier auf der Erde dieses Wissen heimisch wird und seine Kinder bewusst und verantwortungsvoll mit der Erde und allen anderen Planeten umgehen.
Möge dieses Buch dazu beitragen, dieses Licht in Euch zu entzünden. Mögen Liebe, Dankbarkeit und Harmonie in Euch und auf diesem Planeten groß und stark werden.
Gott ist unser Vater, der uns alles gegeben hat, dankt Ihm dafür.
Findet zu Gott, und er wird Euch Seine Dankbarkeit erweisen.
Gott ist der Schlüssel zu einem erfüllten und glücklichen Leben.
Wir werden Euch helfen, diesen Weg zu gehen und zu verstehen.

Ich bin Argonis, Dein Lehrer. Ich bin froh, dass Du diese Arbeit so gut erfüllst. Wir freuen uns alle auf das Buch und auf die Menschen, die unsere Worte lesen.
Wir sind sehr neugierig, ob sie bereit sind für uns.

Wir werden uns jetzt mit dem Glauben beschäftigen. Der Glaube an Gott ist das Wichtigste im Leben. Er gibt uns Halt. Er gibt uns Sinn und Zweck für unser Dasein hier auf Erden.
Gott hat uns erschaffen. Wir sollten ihm dankbar sein. Wir leben durch Gott. Er kann Leben schenken, und er kann Leben nehmen. Wir leben durch Ihn, und Er lebt durch uns, indem wir für Ihn da sind. Wir tun dies aus Dankbarkeit. Er beschenkt uns reich dafür.

Liebe Erdenkinder, Ihr könnt uns nicht sehen, und doch sind wir da. Ihr müsst glauben und vertrauen. Dies ist nicht immer einfach für Euch, wir wissen das.
Entscheidet Ihr Euch für den Weg Gottes und erfüllt Seine Aufträge, wird Er für Euer Wohl sorgen.
Geht Ihr in das Vertrauen zu Gott, braucht Ihr Euch um Eure Zukunft nicht zu sorgen.
Er wird Euch einen Weg weisen, der Euch zu Glück und Harmonie führt.

Unser Gott möchte Liebe, Harmonie und Frieden auf der ganzen Erde und im ganzen Weltall herstellen, engagiert Ihr Euch für Ihn, wird Er für Euch sorgen.
Gott liebt alle Seine Kinder, auch die, die nicht Seinem Weg folgen. Er schickt ihnen geistige Helfer, die ihnen helfen sollen, auf den rechten Pfad zu finden, oftmals gelingt es.

Ich bin Hedonis. Auch ich war ein Priester auf dem Planeten Atlantis. Als der Planet kurz vor dem Untergang stand, ging ich mit meinem Volk auf die Erde. Dies ist schon Tausende von Jahren her. Wir ließen uns auf einer großen Insel nieder, mitten im Meer. Dies war das erste Atlantis auf Erden.
Wir waren eine riesige Gruppe, und wir lebten in Liebe und Harmonie für lange Zeit.
Wir führten unser Leben weiter wie auf dem Planeten Atlantis,

errichteten einen wundervollen Heilungstempel, beschäftigten uns mit der Astrologie und feierten unsere Zeremonien.
Unser Leben war vollkommen.
Eines Tages erreichten Fremde unsere Insel, Menschen vom Festland. Wir nahmen sie auf voller Liebe, wie unseresgleichen.
Erst ging alles gut, doch dann verlangten sie nach Dingen, die ihnen nicht zustanden. Sie wollten das Wissen erlangen, wie es uns möglich war, in vollkommener Harmonie und Liebe zu leben.
Und sie wollten unser Wissen über die Astrologie haben, sie hatten nichts verstanden.
Dieses Wissen kommt nur zu denen, die bewusst und verantwortungsvoll damit umgehen können.
Allen anderen, die auf Macht aus sind, entzieht sich dieses Wissen.
Gott hat es so eingerichtet, wir haben dieses Wissen von Gott erhalten, weil wir Ihn ehren und weil wir dankbar sind für alles, was Er uns geschenkt hat, und weil Er weiß, dass wir Seine Wünsche erfüllen und achtsam mit Seinen Gaben umgehen.
Der Frieden auf unserem Eiland wurde zerstört, die Fremden hatten sich Macht erobert.
Wir waren ein friedvolles Volk, wir wollten in Liebe und Harmonie leben. Habgier und Machtstreben kannten wir nicht. Sie überrumpelten uns und rissen alles an sich, was sie erlangen konnten.
Die Schwingung fiel ab.
Als sie dann unser erhabenes Wissen für ihre Zwecke missbrauchten, konnte Gott nicht länger zusehen.
Seit dieser Zeit lebe ich in der Geistigen Welt und warte darauf, dass Gott uns neue Aufgaben gibt. Jetzt, endlich, scheint diese Zeit gekommen, Gott braucht unsere Hilfe.
Er möchte, dass auch wir, die Atlanter des ersten Atlantis auf Erden, als Menschen inkarnieren.
Wir sind bereit.
Wir freuen uns darauf, Gottes Wünsche zu erfüllen.
Wir haben eine großartige Aufgabe vor uns, ein neues Atlantis auf Erden soll entstehen. Möge Gott uns führen, dass wir diese Aufgabe mit Erfolg erfüllen. Wir geben unser Bestes, und wir danken Gott, dass wir dabei sein dürfen.
Wir sind sehr glücklich darüber.

Ich bin Tegor vom Mars. Ich war mit Hedonis befreundet, damals auf dem Planeten Atlantis. Wir waren beide Priester im gleichen Tempel, und wir führten gemeinsam Zeremonien durch.
Wir waren ein starkes Team.
Dann, als der Untergang bevorstand, sollte jeder eine andere Aufgabe übernehmen, er ging auf die Erde, ich auf den Mars.
Sie war wundervoll mit ihm, die Zeit auf dem Planeten Atlantis.
Warum hat Gott zugelassen, dass der Planet Atlantis unterging?
Wir können über dieses Thema nur spekulieren.
Wollte er damit bezwecken, dass sich die Liebe und Harmonie der Atlanter über das gesamte Weltall ausbreiten und auf anderen Planeten heimisch werden?
Diese Vermutung liegt nahe.
Die Liebe und Harmonie der Atlanter sollen die Erde und das ganze Weltall heilen.

Ich, Elias, lasse Euch wissen: Gott ist sehr zufrieden mit der Entwicklung Seiner Helfer. Viele sind bereit, diesen Weg zu gehen, und es öffnen sich immer mehr für Gott und Seine Aufgaben.
Ihr werdet Eure Aufgaben meisterhaft erfüllen.
Gott ist die Liebe, Er schenkt Euch seine Liebe, Ihr werdet sehr glücklich sein. Eure Herzen werden erfüllt sein von unbeschreiblicher Liebe.
Vertraut Gott Euer Leben an, und Ihr werdet spüren, dass es nichts Schöneres auf Erden geben kann.

Ich bin Selana, Deine Schwester. Mein Vater, Elias, war bei mir und hat gesagt, dass auch ich ein Kind des Lichts gebären soll, eine Seele aus Atlantis. Es wird jemand sein, den Du kennst.
Es ist Deine Freundin Xena.
Wir werden uns wiedersehen, sagt Elias. Ich freue mich schon sehr darauf. Viel Glück und viel Liebe auf all Deinen Wegen.

Ich, Elias, sage Euch: Es ist Zeit, neue Wege zu gehen. Verlasst die gewohnten Pfade, vertraut Euch Euren geistigen Führern an und lasst Euch auf neue Wege führen.
Ihr werdet erstaunt sein über das, was alles möglich ist.
Eure geistigen Führer warten nur auf ein Wort von Euch, und sie führen Euch auf den bestmöglichen Weg, den es für Euch gibt. Vertraut ihnen. Sie sind zu diesem Zweck bei Euch: Euch zu führen, Euch zu helfen.
Es braucht nur ein Wort von Euch, denn ohne Eure Zustimmung können sie nichts für Euch tun. Es ist Euer freier Wille, ob Ihr ihre Hilfe annehmen wollt oder nicht. Sie warten auf Eure Bitte.
Und manchmal warten sie ein ganzes Leben.
Aber dies ist ihre Aufgabe, da zu sein und zu helfen, wenn Ihr um ihre Hilfe bittet. Geistige Helfer sind für jeden von Euch da.
Ihr seid nicht alleine.
Bittet um Führung und nehmt sie an.

Ich, Elias, habe wundervolle Dinge erlebt.
Menschen haben sich komplett gewandelt durch die Führung ihrer geistigen Helfer.
Manche waren in so großem Leid gefangen, dass sie alleine, ohne unsere Hilfe, keinen Ausweg mehr gefunden hätten.

Dann aber konnten sie ihren Weg und ihren Platz im Leben finden. Das kann für jeden von Euch so sein.
Es gibt immer einen Ausweg, nur manchmal braucht man Hilfe, um diesen Weg zu finden.

Ich, Elias, möchte Euch zeigen, wie Ihr Euch von Euren Ängsten befreien könnt. Der tägliche Trott erschafft Grenzen, innerhalb derer Ihr Euch bewegt.
Dieses und jenes traut Ihr Euch nicht zu, aus Angst zu versagen. Ihr seid begrenzt von Ängsten.
Geht Ihr eine Verbindung mit Gott ein und erfüllt Seine Wünsche, lernt Ihr, Euch über diese Begrenzungen hinwegzusetzen.
Es ist Gottes Wille, also ist es auch Dein Wille: »Mein Wille ist, dass Gottes Wille in mir geschehe.«
Ihr erfüllt den göttlichen Willen. Dies ist Eure Aufgabe, also tut Ihr es. Ihr seht Euch bei der Erfüllung dieser Aufgabe.
Und alles, was Ihr zur Erfüllung dieser Aufgabe noch braucht, wird Gott Euch schicken.
Ihr setzt Eure Aufmerksamkeit auf die Erfüllung dieser Aufgabe, Ihr seht Euch, wie Ihr diese Aufgabe erfüllt.
Die Energie folgt Eurer Aufmerksamkeit.
Ihr habt die Begrenzung durch Eure Ängste ausgeschaltet, weil Ihr sie gar nicht erst zugelassen habt.
Richtet Eure Aufmerksamkeit auf ein Ziel, seht Euch selber, wie Ihr dieses Ziel bereits erreicht habt, und alle Energien in Euch und um Euch herum werden aktiviert, und alles ist getan, um dieses Ziel zu erreichen.

Ich bin Tadanas, Dein Onkel.
Ich möchte Dir sagen, dass ich sehr stolz bin auf das, was Du tust.

Du hilfst uns allen. Ich bin sehr froh darüber. Wir wollen Dir helfen, Dein Werk zu vollenden.

Meine Freude ist groß, dass Ihr alle helfen wollt.
Ihr werdet wundervolle Aufgaben bekommen und sie meisterhaft erfüllen, Ihr werdet sehr glücklich sein.
Ich segne Euch.

Ich bin Deine atlantische Seele. Ich werde Dir von Deinem Leben erzählen. Du und Elenis, Ihr wart ein wundervolles Paar, Ihr wart füreinander geschaffen. Aus diesem Grund ist diese Verbindung heute noch so stark, wenn Du ihn spürst. Er liebt Dich über alles, wie Du ihn. Ihr werdet einander wiederbegegnen zu einer anderen Zeit, in einem anderen Leben.
Ihr hattet vier Kinder, zwei Jungen und zwei Mädchen, die Ihr sehr geliebt habt. Auch sie wurden in den Tempeldienst eingeweiht.
Elenis war der nächsthöchste Priester nach Elias. Er liebte die Tätigkeiten im Tempel sehr. Er beschäftigte sich vor allem mit der Heilung der Himmelskörper, führte Zeremonien durch und half Elias bei notwendigen Heilungen vor Ort. Er hatte gelernt, sich körperlos zu bewegen, um jederzeit zur Stelle zu sein.
Diese Eigenschaft war nur den höchsten Seelen vorbehalten. Auch Du hast ihnen dabei geholfen, denn auch Dir hatte Gott diese Gabe verliehen. Du warst sehr stark in jenem Leben. Du hast viele Atlanter geheilt und sie glücklich gemacht. Dafür sind sie Dir noch heute dankbar. Makaros war einer von ihnen.
Der Tempel war Dein Leben. Du hättest ihn gegen nichts tauschen wollen. Du warst die geborene Priesterin. Die Zeremonien lagen Dir im Blut. Gott führte Dich. Du hast intuitiv immer das Richtige ge-

macht, das für eine Heilung nötig war. Noch heute spürst Du, wie vertraut Dir viele Dinge beim Heilen sind.
Es war auf einem Lager im Tempel. Ein Mann lag da, ein Hilfsbedürftiger. Er hieß Santos, war dunkelhaarig und hatte einen Bart. Er war sehr krank.
Du hast gebetet, Du hast Kristalle aufgelegt und darum ersucht, dass die Heilenergie in ihn fließen und die Krankheit auflösen möge.
Es geschah. Er wurde geheilt.
Seine Dankbarkeit war grenzenlos, er war überglücklich. Er wollte Dich auf der Stelle zur Frau nehmen, aber Du warst nicht frei.

Eure Seele ist Euer ewiges, unsterbliches, vollkommenes Bewusstsein über alle Eure Inkarnationen.
Liebt Eure Seele, liebt Euch selbst als Ausdruck Eures vollkommenen Bewusstseins. Ihr seid vollkommen.
Liebt Euch so, wie Ihr seid. Lasst alle Beurteilungen Eurer selbst sein. Ihr seid ein Ausdruck des göttlichen Bewusstseins.
Nehmt Euch an, liebt Euch, und lasst dies die Menschen spüren.
Liebt Eure Seele, liebt Euer Bewusstsein, liebt Euren Körper als Ausdruck Eures Bewusstseins, geht in die Harmonie.
Die Menschen in Eurer Umgebung werden es spüren, wenn dies geschieht. Eure Schwingung verändert sich, Ihr bekommt einen Ausdruck der Liebe. Andere werden sich von Euch angezogen fühlen. Ihr werdet zu einem Magnet, der sich ausgerichtet hat.

Ich bin ein Wesen von einem anderen Stern. Ich lebe auf der Venus. Du bist ein Kind der Venus, im Zeichen der Venus geboren, deshalb habe ich Dich ausgesucht.
Ich suche einen Menschen, der bereit ist mich anzuhören.

Ich warte schon sehr lange auf diese Gelegenheit. Mein Volk lebt auf der Venus, wir sind sehr klein, doch unser Geist ist sehr groß. Auch wir sind Geschöpfe Gottes.
Wir lieben Gott, und wir ehren Ihn. Er hat uns dieses Leben geschenkt. Ihr tut gut daran, Euch Gott wieder zuzuwenden, denn Er schenkt Euch Euer Leben.
Deine Liebe zu Gott ist groß, wie ich sehe.
Vermittle den Menschen, wie wichtig der Glaube an Gott ist, denn Euer Glaube, Eure Liebe zu Gott wirkt sich auf das gesamte Weltall aus.
Deswegen bin ich geschickt worden, zu Euch zu sprechen. Ihr sollt Gott lieben und ehren und Ihm für alles danken, was Er Euch beschert hat.
Ihr müsst die Erde achten als eine Gabe, die Gott Euch zur Verfügung gestellt hat. Die Missachtung dieser Gesetze führt zu Disharmonien im gesamten Universum.
Also bitte ich Euch, die Erde zu achten und nur Gutes auf der Erde geschehen zu lassen.
Dankt Gott, dass er Euch die Erde zur Verfügung gestellt hat. Entschuldigt Euch für Eure Misswirtschaft und bittet um Vergebung.
Ich danke Dir, dass Du mich angehört hast. Meine Mission ist hiermit beendet.
Ich hoffe, Ihr werdet meine Bitte beherzigen, damit Harmonie und Frieden im All wiedererlangt werden.

Ich bin Kaminis, Dein Jugendfreund. Ich möchte Dir sagen, dass uns Deine Arbeit sehr glücklich macht. Wir alle sollen bald inkarnieren, und einige von uns suchen noch ihre Eltern.
Wir sind froh, dass Du uns bei dieser Suche hilfst.

Liebe Malia! Ich vermisse Dich so sehr.
Könnte ich doch bei Dir sein und Dir helfen. Ich liebe Dich so tief, so innig, dass es mich fast zerreißt.
Ich weiß, dass Du es fühlst.
Dein Dich immer liebender Elenis.

Ich, Deine atlantische Seele, möchte sprechen. Elenis und ich haben uns so innig geliebt. Wir waren füreinander geschaffen. Wir waren die Ergänzung des anderen. Ihr nennt es Dualseele.
Es gibt nur eine Seele, die die Ergänzung zu einer anderen ist. Doch selten haben wir Gelegenheit, mit dieser Seele zusammen sein zu dürfen, da wir andere Erfahrungen zu leben haben.
Die Atlanter hatten alle eine Dualseele, und viele durften dieser Seele auch begegnen oder mit ihr leben.
Aber seitdem sind Tausende von Jahren vergangen, und wir konnten uns nicht wieder begegnen. Das menschliche Karma verhindert dies oft, da die Seele Dinge zu lernen hat, die sie nur mit anderen Partnern lernen kann.
Unsere Liebe zueinander wird nie vergehen, und wenn ich gelernt habe, was Gott von mir verlangt, dürfen Elenis und ich uns wieder begegnen und unsere Liebe leben, in einem anderen Leben.
Du bist auf dem besten Wege, dorthin zu gelangen.
Wir freuen uns beide.
Ich danke Dir, dass Du diesen Weg gewählt hast.

Malia und Elenis werden sich wieder vereinen in einem anderen Leben. Sie hat ihre karmischen Aufgaben bewältigt, mit viel Kraft und viel Leid.
Sie haben es verdient, sich wiederzufinden. Aber in diesem Leben

muss sie noch andere Aufgaben erfüllen. Ihr Gefährte in diesem Leben wird der Richtige sein, um ihr dabei optimal zu helfen.
Ihr seht, wir sorgen dafür, dass jeder den richtigen Partner für seine Lernaufgaben erhält.

Ich, Elias, verkünde Euch die Botschaft: »Gottes Liebe und Gottes Segen begleiten Euch. Vertraut in Gott, und das Richtige für Euch wird geschehen.«
Glaubt fest daran.
Lasst Eure Zweifel los, schickt sie fort, und geht in das Vertrauen.
Gott ist für Euch da.

Ich, Elias, sage Euch: »Dieses Leben wird für alle, die dem göttlichen Weg folgen, ganz wundervoll.«
Gott ist hocherfreut, dass so viele Menschen bereit sind, bei der Schwingungserhöhung mitzugehen, und ihre Hilfe für den Aufstieg zur Verfügung stellen.
Er ist sehr dankbar.
Die Erde wird heilen mit Euer aller Hilfe. Gott beschenkt Euch reichlich dafür.

Ich bin Emina. Auch ich war mit Dir in Atlantis. Doch war ich kein Atlanter. Ich bin gekommen mit anderen Menschen von einem fremden Volk.
Wir haben uns eingeschlichen bei Euch. Ihr habt uns aufgenommen voller Liebe, und wir haben Euch hintergangen.

Meine Begleiter waren nur auf Euer Wissen aus. Sie haben alles versucht, um es zu erhalten. Sie begannen Macht auszuüben und Euer Wissen zu missbrauchen.
Ich konnte nur zusehen.
Ich wollte das nicht, aber ich konnte sie auch nicht stoppen. Ich bin so traurig, so unglücklich, dass dies geschehen ist.
Wir haben den Untergang herbeigeführt. Es ist unsere Schuld, dass Atlantis untergegangen ist. Ich fühle mich so schuldig. Ich möchte die Zeit zurückdrehen.
Warum konnten wir nicht einfach mit Euch in Liebe und Harmonie leben? Es hätte so wundervoll sein können.
Ich bereue aus tiefstem Herzen, was wir getan haben.

Damals in Atlantis, als die Fremden die Macht an sich rissen, gab es einen, der sie anführte. Er tat sich hervor, wusste immer alles am Besten und entschied über alles alleine.
Er zwang die anderen seines Volkes mitzumachen. Er war die treibende Kraft, die die Zerstörung von Atlantis herbeiführte.
Er missbrauchte das Wissen, das er sich zu Unrecht verschafft hatte, und trieb Atlantis in den Untergang.

Als die Zeit des Untergangs nahte, fielen die Machthungrigen in den Tempel ein. Sie zerstörten alles, was ihnen in die Finger kam. Und sie nahmen die Frauen und vergewaltigten sie.

Hier ist Emina. Ich bin so verzweifelt. Diese Schuld lastet so schwer auf mir. Kannst Du mir helfen?

Emina wird Hilfe erhalten. Gott wird ihr vergeben. Ihre Schuld ist gesühnt. Sie hat lange darunter gelitten.
Auch sie möge bei der Schwingungserhöhung mitwirken.
Gott hat eine Aufgabe für sie.

Ich bin so dankbar, so unglaublich dankbar. Danke, mein Vater im Himmel, danke, Elias, danke, Malia.
Ich bin so glücklich, ich könnte die ganze Welt umarmen.
Danke, danke, danke.

Gott liebt alle Seine Kinder, auch die, die Fehler gemacht haben, denn Fehler begehen alle Erdenmenschen, erst daraus lernen sie, es besser zu machen.
Gott nimmt alle verlorenen Kinder wieder in Liebe auf.

Liebe Malia, ich danke Dir sehr für Deine Hilfe. Ich bin mir bewusst, dass ich Euch allen unendlich viel Leid zugefügt habe.
Ich bereue es zutiefst, und ich bitte auch Dich, mir zu vergeben.

»Liebe Emina, ich vergebe Dir Deine Schuld. Ich vergebe Dir, und ich erlöse alle zwischen uns gebundenen Energien. Du bist frei.«
Ich danke Dir aus tiefstem Herzen für Deine Vergebung und für all Deine Hilfe. Danke.

Ich, Elias, bitte Euch, jedem zu vergeben, der Euch etwas angetan hat. Wir sind alle miteinander verbunden, und gibt es irgendwelche Unstimmigkeiten, fallen sie auf Euch zurück.
Durch das Nicht-vergeben-wollen entsteht Härte und Verbitterung in Euch, und diese verursacht Blockaden und schließlich Krankheit.
Auch spürt Ihr unbewusst die Enttäuschung oder Verzweiflung des anderen, die an Euch nagt.
Ich bitte Euch, versucht immer Frieden herzustellen, um Eures eigenen Friedens Willen.

Freut Euch Eures Lebens.
Freut Euch, dass Euch dieses Leben geschenkt wurde, um so viele wundervolle Dinge zu tun.
Eure geistigen Helfer stehen Euch jederzeit zur Seite und helfen Euch bei allen Euren Aufgaben.
Vertraut ihnen, sprecht mit ihnen, bittet sie, Euch beizustehen, Euch den Weg zu weisen, Euch zu helfen. Gebt ihnen die Erlaubnis, Euch helfen zu dürfen, und nehmt ihre Hilfe und Ratschläge an.
Sie wollen das Beste für Euch, und sie tun genau das Richtige, um dieses für Euch zu erreichen.

Ich, Elias, sage Euch, das Bestmögliche wird für Euch geschehen, wenn ihr Euch Euren geistigen Führern anvertraut.
Bittet sie um Hilfe, und das Beste wird für Euch geschehen.
Sie sind immer für Euch da.
Euer Vater im Himmel ist bei Euch. Wann immer ihr Seine Hilfe braucht, bittet darum, Er wird Euch helfen.

Ich komme von der Sonne. Ich bin ein Geistwesen, wir leben auf der Sonne. Wir brauchen das Licht zum Leben.
Ich bin hierhergekommen, um zu Euch zu sprechen.
Wir auf der Sonne nehmen Unstimmigkeiten wahr, die von der Erde kommen. Sie strahlen ins All bis zu uns auf die Sonne. Wir bitten die Bewohner der Erde, diese Disharmonien zu beseitigen und die Erde wieder in Harmonie zu bringen, damit auch das Leben auf der Sonne wieder in Harmonie kommt.
Wir bitten von ganzem Herzen um Eure Bereitschaft und Eure Hilfe, Harmonie auf der Erde herzustellen. Auch wir sind Geschöpfe Gottes und erfüllen Seinen Willen auf der Sonne.

Vielleicht werdet Ihr nicht immer verstehen, warum wir etwas tun, doch seid gewiss, es geschieht zu Eurem Besten.
Manchmal muss erst ein Schritt getan werden, um einen anderen zu verursachen. Dies könnt ihr aber aus Eurer Sicht nicht erkennen. Wir schauen weiter in die Zukunft und legen die Weichen, damit Euer Leben fließen kann.

Ich komme vom Pluto. Ich bin ein Wesen aus der Geistigen Welt, ein Geschöpf Gottes.
Wir auf dem Pluto sind Geistwesen, wir erfüllen den Willen Gottes, wir sind ihm zu Diensten.
Unsere Aufgabe ist es, Disharmonien im All aufzulösen.
Wir bewegen uns mit hoher Geschwindigkeit durchs All zum Ort des Problems. Wir senden harmonisierende Informationen, die die Ursache des Problems beheben.
Unsere Arbeit ist die Heilung des Planetensystems.
Die Erde strahlt große Disharmonien ins All aus, deshalb suchen wir Kontakt zu Erdbewohnern.
Die Erde stört die Harmonie des Alls, wir bitten die Erdbewohner, sich darum zu kümmern und die Disharmonien auf ihrem Planeten zu beseitigen.
Die Erde muss wieder in Harmonie kommen, damit auch im All wieder Harmonie entstehen kann.
Ich bitte die Erdbewohner um ihre Hilfe. Wir benötigen Harmonie im gesamten Planetensystem, sonst werden große Katastrophen geschehen im All.
Bitte befolgt unseren Rat.
Beseitigt die Disharmonien auf der Erde und stellt wieder Harmonie auf der Erde her.
Ich habe meine Mission erfüllt und kehre zum Pluto zurück.

Wir versuchen, für alle Menschen eine große Liebe in ihrem Leben Wirklichkeit werden zu lassen. Doch besitzen die Menschen die Gabe des freien Willens, der es ihnen möglich macht, den Plan Gottes zu durchkreuzen.
Ist ihnen die bestehende Partnerschaft wichtiger, oder fehlt ihnen der Mut, sich zu ihrer großen Liebe zu bekennen, kann auch Gott nichts dagegen tun.
Er wird sein Bestes geben, eine andere Lösung, eine andere große Liebe für die betreffende Person zu finden.

Ich, Elias, bin überglücklich, dass ich dieses Buch mit Malia schreiben darf. Lange habe ich darauf gewartet, mich mitteilen zu dürfen Nun, endlich, dürfen wir die Welt wissen lassen, was damals geschehen ist und was Gott für die Zukunft geplant hat.
Ihr hört all die Wesenheiten von anderen Planeten, die uns alle das Gleiche berichten. Die Disharmonien auf der Erde stören die Harmonie im All und auf allen anderen Planeten.
Wir sollen wieder Harmonie auf der Erde herstellen und sie heilen.

Gottes Liebe zu den Menschenkindern ist sehr groß. Habt Ihr doch den freien Willen, über Euer Schicksal selbst zu entscheiden.
Ihr könnt wählen, ob Ihr den Weg gehen wollt, den er für Euch ausgesucht hat, oder ob Ihr einen anderen Weg gehen wollt. Ihr bekommt immer wieder im Leben die Möglichkeit, Euch für Seinen Weg zu entscheiden.
Ab diesem Punkt beginnt Euer Leben zu fließen, Eure Wahl für Seinen Weg bringt Euer Leben auf die Glücks-Spur.
Ihr seid für Ihn da, und Er sorgt für Euer Wohl.

Es war an einem Sommermorgen, als die Vögel zwitscherten.
Ich stand zeitig auf, um in den Tempel zu gehen und alles für den Tag vorzubereiten.
Es wurde gerade hell. Es war angenehm warm. Die Sonne stieg am Horizont auf, und ein Gefühl der Leichtigkeit erfüllte mich.
Ich ging in den Tempel. Ich sprach Gebete für meine Familie, für

alle Kranken auf Atlantis, für Gott und für das gesamte Universum. Ich machte eine Zeremonie für diesen neuen Tag und dankte Gott, dass Er uns diesen Tag geschenkt hatte.
Ich war glücklich.
Es war ein Morgen in Atlantis.
Wir waren eins mit Gott. Er war immer in unserem Leben, und wir waren so dankbar dafür.
Er gab uns, wir dankten und wir priesen Ihn. Er hat unser Leben mit so viel Licht erfüllt.
Ich bin so dankbar, dass ich diese Zeit in Atlantis erleben durfte. Ich werde sie immer bei mir tragen, durch alle Zeiten hindurch werde ich diese Dankbarkeit in mir tragen.
Dieses Licht, den Glauben an Gott, diese Zufriedenheit, dieses Glück, das ich damals erleben durfte, wird in mir weiterleben und immer von neuem ans Tageslicht kommen.
Ich bin so glücklich, dass ich es wiedergefunden habe. So lange Zeit habe ich im Dunkel, in der Finsternis verbracht. Jetzt endlich habe ich das Licht in mir wiederentdeckt.
Möge es mich immer begleiten, möge ich ein Licht für andere sein. Ich danke Dir, Gott Vater, dass ich es wiederfinden durfte und dass Du mir diese Aufgabe gegeben hast. Ich bin dir so dankbar dafür, ich könnte mir nichts Schöneres vorstellen.
Ich danke Dir, mein Vater im Himmel. Möge ich Deiner würdig sein. Habe ich doch so viele Fehler begangen wie kaum ein anderer, und trotzdem hast Du mir diese Aufgabe übertragen.
Mein Vater im Himmel, ich bin Dir aus tiefstem Herzen dankbar für dieses Leben, gegen das ich mich immer gewehrt habe, das ich niemals leben wollte. Jetzt bin ich so dankbar, dass Du es mir geschenkt hast. Es war ein weiter Weg.
Ich danke Dir für all Deine Hilfe.
Ich danke Dir für die Engel, für die geistigen Helfer, die Du mir während meines ganzen Lebens zur Seite gestellt hast, damit ich mein Karma bewältigen konnte.
Und ich danke Dir für all die machtvollen Engel und Geistführer, die mir heute zur Seite stehen und mir helfen, meine Aufgaben zu erfüllen.
DANKE!

Liebe Menschenkinder, Malia ist einen langen und schweren Leidensweg gegangen, um in ihre Harmonie zu gelangen.
Es wird Zeit, diesen Weg zu verlassen und den für Dich bestimmten Platz in diesem Leben einzunehmen.
Du hast jetzt Deine Aufgabe für dieses Leben gefunden.
Du wirst für viele Menschen ein Licht sein.
Wir kümmern uns darum, dass Deine sehnlichsten Wünsche in Erfüllung gehen.
Dein Gefährte für dieses Leben wird zu Dir kommen. Und Du wirst diesen Ort des Leidens verlassen.
Glück und Liebe werden Dich Dein Leben lang begleiten.

Die Zeit des Aufstiegs hat begonnen, Ihr werdet immer lichter werden. Wir alle werden Euch dabei helfen.
Die Erde wird heilen durch Euer Licht und durch das Licht und die Liebe, die die atlantischen Kinder auf die Erde bringen.
Möge nur Gutes in Zukunft auf der Erde geschehen.
Die Erde wird heilen, wenn Ihr alle mithelft und Eure Aufgaben erfüllt.

Wir gehen in die Schwingungserhöhung. Ihr erhöht Eure Schwingung, indem Ihr Euch Gott zuwendet, Ihm für Seine Gaben dankt und Seine Aufgaben erfüllt.
Ihr tretet mit der Geistigen Welt in Kontakt, Ihr erhöht Eure eigene Schwingung, um Euch auf sie einzustellen, Eure geistigen Helfer

und Engel werden die ihre erniedrigen, um mit Euch zu kommunizieren. Ihr passt Eure Schwingung einander an, um miteinander zu kommunizieren.

Ihr alle geht einen wundervollen Weg, Ihr dürft der Erde helfen zu heilen, dies ist eine wundervolle Aufgabe.
Die Kinder des Lichts kommen zu Euch und vereinigen sich mit Euch. Wie viel Licht und wie viel Liebe durch sie doch auf die Erde gelangt. Die Erde wird durch sie immer lichter, und auch die Menschenkinder schwingen immer höher.
Der Aufstieg geht voran.
Ihr arbeitet voller Freude an dieser Schwingungserhöhung, Ihr werdet reich belohnt werden.
Harmonie und Frieden, Licht und Liebe werden Euer Leben erfüllen.

Die Kinder des Lichts kommen zu uns. Sie werden uns helfen, die Schwingungserhöhung mitzugehen. Indem wir uns auf sie einstellen, erhöhen wir unsere eigene Schwingung, denn ihre Schwingung ist sehr hoch für einen Menschen.
Sie stehen schon auf einer anderen Ebene und ziehen Euch mit sich. Da ihnen aber das menschliche Leben vollkommen fremd ist und sie keine Erfahrungen aus Vorleben mitbringen, sind sie in vieler Hinsicht ungeschützt.
Ihr müsst ihnen helfen, eine Schutzhülle aufzubauen.
Von Geburt an bittet Ihr die geistigen Helfer Eures Lichtkindes, es einzuhüllen in einen Schutzmantel aus Licht, der alle negativen Energien und Wesenheiten abwehrt.
Tut dies täglich.
Ihr könnt es auch für Euch tun, wenn Ihr ein Problem damit habt,

Euch zu schützen. Dieses Licht ist so strahlend, dass es alle negativen Wesenheiten in die Flucht schlägt.
Die Kinder werden beschützt und behütet von ihren geistigen Helfern, sie haben ihr Okay schon in der Geistigen Welt gegeben. Ihre Geistführer werden sie führen, an den Platz, der für sie bestimmt ist. Dorthin, wo sie ihre Aufgabe erfüllen sollen und ihr Licht und ihre Liebe am stärksten wirken können.
Sie werden diesen Weg sicher und ohne Umwege gehen, denn die karmischen Aufgaben, die andere Menschenkinder hierhin und dorthin treiben, kennen sie nicht.
Ihr Weg ist zielstrebig ausgerichtet.
Licht und Liebe zeichnen ihren Weg.
Eine neue Zeit bricht an.

Viele Menschen, die sich an der Schwingungserhöhung nicht beteiligen wollen oder können, werden die Erde verlassen. Dies ist ein natürlicher Vorgang.
Ihre Seelen haben entschieden, dass sie den Aufstieg nicht mitgehen werden, deshalb verlassen sie die Erde.

Ich bin Tegor. Ich lebe auf dem Mars.
Wir freuen uns, dass auf der Erde ein neues Atlantis entstehen soll, das die ganze Erde mit einbezieht.
Wir wünschen euch viel Erfolg und Gottes Segen.
Wenn wir helfen können, tun wir das gerne.

Wenn Ihr Euch im Unklaren seid über Eure Zukunft, über den nächsten Schritt in Eurem Leben, so bittet Eure geistigen Helfer, Euch den nächsten Schritt anzuzeigen.
Sie tun dies gerne.
Schritt für Schritt werdet ihr mehr Klarheit erlangen über das, was Eure eigentliche Aufgabe ist.
Dies geht nicht von einem Moment zum anderen, es ist ein Prozess, der sich entwickelt.
Eine totale Veränderung von jetzt auf gleich könnte Eure Seele gar nicht verkraften.
Darum nehmt Euer Schicksal an, es wird sich alles zu Eurem Besten entwickeln.
An Eurem Leid werdet ihr wachsen, Eure Seele lernt und wächst über sich selbst hinaus, und Eure Schwingung erhöht sich.
Es fließt alles ineinander, das eine verursacht das andere.
Seid zufrieden und fügt Euch in Euer Schicksal. Es anzunehmen macht Euch glücklich und zufrieden.
Gott ist mit Euch.

Ich bin Karadas. Auch ich war in Atlantis, ich war sehr krank. Ich kam in den Tempel zur Zeremonie, und Du hast mich behandelt und mit Gebeten geheilt.
Ich war so glücklich, ich war Dir so dankbar. Gerne hätte ich Dich wiedergesehen, doch es blieb mir versagt.
Ich sehne mich immer noch danach, Dir wieder zu begegnen, vielleicht hat Gott Erbarmen.
Auch ich soll bald inkarnieren, ich freue mich darauf. Willst Du nicht meine Mutter sein?
»Es tut mir leid, Karadas, ich glaube nicht, dass dies meine Aufgabe ist, aber ich will Gott Vater um Rat fragen.« – »Lieber Karadas, Gott Vater sagt, ich habe eine andere Aufgabe. Er wird eine wundervolle Mutter für Dich finden. Sei nicht traurig, wir werden uns wiedersehen, zu einer anderen Zeit.«

Alle Seelen aus Atlantis wünschen sich eine Mutter und einen Vater. Wir hoffen, dass Ihr bereit seid, diese Aufgabe zu erfüllen. Gott segnet Euch alle.

Ich bin ein Wesen von einem anderen Stern, ich lebe auf dem Mond. Ich bin ein Wesen aus Energie, wir sind unsichtbar und haben einen großen Geist.
Gott ist unser Schöpfer.
Wir sind ein ganzes Volk auf dem Mond. Wir dienen Gott und erfüllen Seine Wünsche. Wir sorgen für Harmonie und Frieden im All.
Ich bin gekommen, um zu Dir zu sprechen.
Auf dem Mond spüren wir Disharmonien, die von der Erde abstrahlen. Sie strahlen ins gesamte Universum und stören die Harmonie des Alls.
Ich möchte Euch bitten, die Harmonie auf der Erde wiederherzustellen, sonst gefährdet die Erde das gesamte Universum.
Dies darf nicht geschehen.
Sorgt bitte dafür, dass die Erde wieder in Harmonie kommt, damit im gesamten All wieder Frieden und Harmonie einkehren können.
Ich danke Dir, dass Du mich angehört hast.

Ich bin ein Wesen von einem anderen Stern. Ich komme von einem kleinen Stern im Sternbild des Löwen.
Mein Volk und ich, wir sind reine Geistwesen, wir haben keinen Körper. Gott hat uns so geschaffen, und wir sind zufrieden. Wir

danken Gott für die Gaben, die er uns schenkt und sind glücklich und zufrieden damit.
Ihr, Menschen, müsst Gott dankbar sein, dass er Euch so viel geschenkt hat.
Die Schönheit Eurer Erde, Ihr misshandelt sie.
Die Erde beklagt sich im All.
Ihr müsst auf den Pfad der Liebe, der Achtung, der Rücksichtnahme und der Dankbarkeit zurückfinden.
Ohne diese Tugenden könnt Ihr keinen Frieden und keine Harmonie in Euch und mit anderen finden, weder mit Euresgleichen noch mit der Erde.
Ich bitte Euch, nehmt Euch meine Worte zu Herzen und kehrt zurück zum Ursprung, dem eigentlichen Sinn des Lebens.
Kehrt zurück zur Liebe zu Gott und zur Liebe zu den Menschen, zur Liebe zur Natur und der Achtung vor den Gaben Gottes, zur Rücksichtnahme auf alle Lebewesen, auf die Erde und den Himmel und zur Dankbarkeit gegenüber Gott, dass Er Euch all diese Gaben zur Verfügung gestellt hat.
Ihr müsst sorgsam mit Seinen Gaben umgehen. Er hat Euch auch Verantwortung gegeben.
Geht mit dieser Verantwortung achtsam um!
Dies alles hat große Auswirkungen auf das gesamte Weltall. Die Erde strahlt diese Unachtsamkeit in das ganze Weltall aus und stört dadurch die Harmonie auf allen Planeten.
Wir bitten Euch um Einsicht.
Die Harmonie auf der Erde muss wiederhergestellt werden, sonst wird sie uns alle zerstören.
Ich bin dankbar, dass ich sprechen durfte, und ich wünsche mir, dass Ihr den göttlichen Willen erfüllt.
Gott wird es Euch danken.

Dieses Wesen spricht die Wahrheit.
Die Liebe, die Achtung, die Rücksichtnahme, die Dankbarkeit

und der sorgsame Umgang mit den Gaben Gottes sind die Grundvoraussetzung für Harmonie und Frieden.
Die Atlanter wussten um diese Dinge, und auch die Naturvölker hielten sich an diese Regeln.
Heute jedoch gelten die Werte Erfolg, Macht und Geld.
Der Missbrauch der Natur hat schon lange eingesetzt. Wird ihm nicht Einhalt geboten und der Erde Heilung geschenkt, wird sie zerstört werden.
Achtet die Erde, sie ist der Planet, auf dem Ihr lebt, Ihr braucht sie! Schenkt ihr Eure Liebe und betet für die Erde, dass sie heilen möge. Euer aller Gebete werden erhört werden.

Wir benötigen noch viele Helfer für den Aufstieg. Es gibt noch andere Aufgaben zu erfüllen, die Erde muss geheilt werden.
Wir suchen Menschen, die für die Erde beten und um Heilung bitten, Menschen, die sich um ein bestimmtes Gebiet kümmern.
Wenn wir einen Helfer gefunden haben, werden wir uns ihm mitteilen.

Wir suchen außerdem Menschen, die sich dem geistigen Heilen zuwenden und ihren Mitmenschen helfen wollen.
Dies ist wichtig, weil selbst homöopathische Medikamente die hohen Schwingungen der Kinder des Lichts kaum noch erreichen.
Durch das geistige Heilen, das Heilen mit göttlicher Energie, werden ihre eigenen Schwingungen angesprochen.
Es gibt viele Wege, dies zu erlernen, und es bietet Euch die Möglichkeit der eigenen Heilung, der geistigen Entwicklung und der Schwingungserhöhung.
Auf diesem Wege werdet Ihr wundervolle Dinge erleben, die Ihr

Euch jetzt nicht vorstellen könnt. Es dient Eurem geistigen Wachstum und Eurer Verbindung zu Gott.
Heilung wird Euch widerfahren, vertraut und geht den Weg der Heilung.

Ich bin ein Geistwesen, Ihr nennt es auch aufgestiegenen Meister. Ich bin Kuthumi. Ich möchte Euch sagen, wie wundervoll es ist, dass dieses Buch geschrieben wird und so viele Menschen anspricht. Ich bin begeistert.
Wir alle, die aufgestiegenen Meister, stehen bereit, Euch bei Euren Aufgaben zu helfen.
Bittet uns um Hilfe, und wir sind da.
Die Erde soll heilen mit unser aller Hilfe.
Gott segne Euch.

Ich, Elenis, spreche zu Euch.
Wir Atlanter werden Euch alle helfen, Eure Aufgaben zu erfüllen. Eure Aufgaben sind auch unsere Aufgaben.
Einige von uns bleiben in der Geistigen Welt, wie ich, und helfen von hier aus. Andere werden Menschen.
Wir sind bei Euch, immer, auch wenn Ihr uns nicht sehen könnt.
Wir helfen Euch, Eure Aufgaben zu erfüllen.
Wir freuen uns sehr darauf, wir werden es schaffen, und wir werden das Ziel erreichen.
Die Erde wird geheilt werden.

Liebe Kinder!
Gott Vater und ich möchten uns bei Euch bedanken für Eure Offenheit, Eure Freude, Eure Bereitschaft zu helfen und göttliche Aufgaben zu erfüllen. Wir sind sehr dankbar.
Gottes Segen ist mit Euch.

Ich, Elias, möchte Euch bitten, in Euch hineinzufühlen. Spürt, was für Euch stimmig ist, welche Aufgabe Ihr übernehmen wollt. Ihr werdet den ersten Schritt tun, und wir werden Euch helfen, diesen Weg zu beschreiten, wenn es der richtige für Euch ist.
Der Weg entwickelt sich erst, wenn man sich entschieden hat zu gehen, dann fließt eins ins andere, und Schritt für Schritt kommt man seinen eigentlichen Aufgaben näher.
Ich wünsche Euch den Mut, diesen Weg zu beschreiten.

Wenn Ihr in der Natur unterwegs seid, haltet hier und da inne und sprecht mit der Erde.
Entschuldigt Euch bei der Erde für das Unrecht, das die Menschen ihr zugefügt haben, und bittet sie, den Menschen zu vergeben.
Bittet Gott Vater um Heilung für diese Erde, und bittet die Erde, Euer Gebet anzunehmen und sich für die Heilung zu öffnen.
Heilung möge geschehen in dieser Erde und auf dieser Erde.

Ich bin ein Wesen aus Energie. Ich lebe mit meinem Volk im All. Wir bewegen uns durchs All und sind mal hier, mal da und schauen

nach dem Rechten. Ich bin hier, um Euch zu sagen, dass die Erde Disharmonien im All verursacht und dadurch andere Planeten in ihrem Lauf gefährdet. Ihr müsst unbedingt etwas dagegen unternehmen, sonst werden große Katastrophen geschehen.
Ich bitte Euch, beseitigt die Disharmonien auf der Erde. Stellt Harmonie auf der Erde her, damit auch im All wieder Harmonie einkehren kann. Es ist sehr, sehr wichtig.

Wenn es Probleme gibt in Eurem Leben, die ihr alleine nicht lösen könnt, bittet Euren geistigen Führer, Euch zu dem Menschen zu führen, der in der Lage ist, Euch zu helfen.

Ich bin Tadanas, Dein Onkel.
Die Wesen im All erzählen alle von Störfeldern, die von der Erde ins All ausstrahlen. Die Harmonie aller Planeten ist gefährdet durch die disharmonische Ausstrahlung der Erde.
Wir müssen unbedingt Zeremonien zur Heilung der Erde vornehmen und die Disharmonien beseitigen, wir brauchen viel Hilfe.
Auf dem gesamten Planeten soll gearbeitet werden, damit wir wieder Harmonie auf der Erde herstellen.
Wir werden Gebete an die Erde richten, wir werden ihr unsere Liebe schenken, wir werden sie heilen mit unser aller Liebe.

Ich bin ein Wesen aus Energie, ich lebe im All. Ich habe schon zu Dir gesprochen. Ich bitte Dich, meine Nachricht an die Menschen weiterzuleiten, damit Frieden und Harmonie im gesamten Weltall wiederhergestellt werden. Ich danke Dir.

Ich, Elias, möchte Euch sagen, die Zeit der Heilung ist gekommen. Indem ihr Eure Schwingung erhöht, heilt Ihr Euch selbst Stück für Stück. Ihr werdet überrascht sein, welche Veränderungen in Eurem Leben stattfinden. Einmal auf dem Weg, beginnt das Leben zu fließen, und die Entwicklung geht schneller voran, als Ihr es Euch vorstellen könnt.
Glaubt und vertraut und folgt dem Weg Gottes.

Ich bin Makaros. Damals in Atlantis habe ich immer darauf gewartet, Dich wiederzusehen.
Ich war oft in der Nähe des Tempels, in der Hoffnung, einen Blick auf Dich werfen zu können.
Ich war so voller Sehnsucht und Liebe zu Dir. Und ich bin es heute noch immer.
Ich verstehe nicht, warum wir nicht zusammen sein können.
Wir sind uns begegnet, und seit diesem Moment will ich nichts anderes mehr.
Alles andere ist daneben unwichtig geworden.

Wenn der göttliche Plan es so vorsieht, dass Ihr zusammenkommt, wird Gott Vater auch einen Weg wissen, wie dies geschehen kann.
Vertraut auf Gott, und das Richtige wird geschehen.

Ich bin ein Wesen aus dem All, ich lebe auf der Venus. Ich habe schon zu Dir gesprochen.
Ich möchte Dir danken, dass Du meine Worte in dieses Buch schreibst und sie den Menschen mitteilst, ich bin sehr froh darüber. Mögen die Menschen meine Worte beherzigen und die Erde in Harmonie bringen.
Ich danke Dir.

Wir sind schon mitten in der Schwingungserhöhung. Das Leben wird schneller und turbulenter. Jeder, der die Erhöhung mitgeht, befindet sich in einer Phase der Veränderung.
Viele Informationen strömen auf Euch ein, und Ihr ändert Eure Gedankenmuster und Euer Verhalten. Ihr werdet aufgefordert, Euch zu verändern, um die Schwingungserhöhung mitgehen zu können. Ihr könnt das!
Vertraut Euren geistigen Führern, sie werden Euch führen durch alle Stürme und Wogen des Aufstiegs.
Es beginnt ein neuer Lebensabschnitt für Euch, der Euch Erfüllung schenken wird. Ihr werdet wachsen an Euren Aufgaben, und Ihr werdet stark und kraftvoll werden.
Die Liebe wird Euch verbinden, vertraut und folgt Eurer inneren Stimme, sie weist Euch den Weg.
Wir werden alle aufsteigen, wir werden die Harmonie auf Erden wiederherstellen. Die göttliche Energie wird uns erfüllen, wir sind bereit, Wunder zu vollbringen.

Ich bin eine Wesenheit aus dem All, und ich lebe mit meinem Volk auf einem Stern. Mein Name ist Serenus, wir sind Geistwesen. Wir sind stark mit Gott verbunden, wir sind Seine Helfer. Er sendet uns nach allen Seiten aus, wo immer man nach Ihm ruft.
Wir sind Seine rechte Hand. Wir gehen dorthin, wo jemand Hilfe braucht, und tun alles, was nötig ist, spenden Trost, schenken Heilung, geben Antworten auf alle Fragen.

Die Kristallkinder sind vollkommen anders als die Kinder, die wir kennen. Ihre Liebe ist unendlich groß und stark. Ihre Liebe ist allumfassend, wie die Liebe der Atlanter.
Sie sind in ihrem Ausdruck vollkommen ungehemmt und frei.
Sie können jedoch leicht verschreckt werden, da ihnen das menschliche Leben völlig fremd ist.
Sie kommen direkt von Atlantis, einem Leben voller Liebe und Harmonie, mit einem langen Aufenthalt in der Geistigen Welt. Fast alles ist neu für sie hier.
Sie haben nur ihre Erinnerung an Atlantis. Deshalb brauchen sie jemanden, der sie an der Hand nimmt und in dieses Leben einführt. Ihr solltet sie täglich durch einen Lichtschutzmantel schützen, der alles Negative von ihnen fernhält, denn ihnen fehlen diese Abwehrmechanismen.
Sie werden vielleicht keine Spielkameraden haben, weil sie sich geistig auf einer viel höheren Entwicklungsstufe befinden. Dies ist kein Grund zur Besorgnis, sie werden mit der Zeit Kontakt zu anderen atlantischen Seelen aufbauen.

Die atlantischen Kinder können viele Dinge nicht einordnen, weil sie sie noch nicht kennen. Während andere Kinder schon in

ihren Vorleben gelernt haben, dies ist gut und das ist schlecht, fehlt dies den Kristallkindern vollständig.
Sie werden vieles ausprobieren, um erkennen zu können, ob es für sie nützlich ist oder nicht.
Dies bezieht sich auf alles, was für sie in irgendeiner Art und Weise interessant ist, seien es nun Computerspiele oder irgendetwas anderes.

Viele atlantische Seelen tragen das Gefühl der Schöpferkraft noch in sich.
Die Energie, die uns in Atlantis erfüllte, diese göttliche Energie, die uns das Gefühl gab, alles zu schaffen, jeder Aufgabe gewachsen zu sein, jedes Ziel zu erreichen, sie tragen diese göttliche Energie noch in sich.
Ihr solltet vorsichtig sein und diese Energie nicht dämpfen, sondern Euch von ihr mitreißen lassen, denn auch in Euch steckt diese göttliche Energie, die Euch die Kraft gibt, alles zu erreichen, nur ist sie im Laufe Eurer Inkarnationen zugeschüttet worden.
Nehmt das Leben nicht so ernst, sondern macht ein Spiel daraus, ein Spiel für Euch und Eure Kinder, das die Freude zum Leben erweckt. Es ist sehr wichtig, die Freude am Leben zu spüren und zu leben. Die allumfassende Liebe und die Freude gehören zusammen, lebt Eure Liebe und lebt Eure Freude.

Ich bin eine atlantische Seele. Ich komme aus dem ersten Atlantis auf Erden. Ich war ein Priester und habe mit Kristallen geheilt.
Viele Zeremonien habe ich mit einem anderen Priester zusammen zelebriert, der mir ein guter Freund war, er wartet auf mich, er ist schon inkarniert. Wir waren ein Herz und eine Seele. Ich soll sein

Bruder werden, damit wir auch in diesem Leben Großes zusammen vollbringen können.
Wir werden wieder mit Kristallen arbeiten und Harmonie herstellen in allen Bereichen des menschlichen Lebens und der Erde. Wir bringen Heilung für die Menschen, für ihre zwischenmenschlichen Beziehungen, für die Erde und für das ganze Universum.
Wir werden viel erreichen zusammen, ich freue mich schon sehr darauf.
Meine Mutter ist wundervoll, ich liebe sie von ganzem Herzen.
Auch sie kenne ich von Atlantis, sie ist voller Liebe.
Mein Vater ist kein Atlanter, meine Mutter und er kennen sich aus einem anderen Leben, doch auch er hat große Fähigkeiten entwickelt.
Ich kann schon jetzt in die Zukunft sehen, wir werden Harmonie und Frieden auf der Erde herstellen, wir werden die Erde heilen.

Diese Seele spricht die Wahrheit. Mit Hilfe der Atlanter werden unvorstellbare Energien freigesetzt, die bislang noch hinter verschlossenen Toren warten.
Neues, altes Wissen wird auf die Erde gelangen, und dieses Wissen wird die Menschen und die Erde in Harmonie bringen.

Ich bin die Seele des bereits inkarnierten Bruders, ich heiße Timanus. Ich liebte das Leben in Atlantis so sehr.
Ich und mein Bruder, wir zelebrierten viele Kristallheilungen, es war so wundervoll.
Ich liebte die Kristalle von ganzem Herzen und tue es noch heute, bei meinen Kristallen fühle ich mich zu Hause.
Diese Welt ist so anders als das, was ich von Atlantis kenne.

Andere Kinder mag ich nicht, sie sind so besitzergreifend und rechthaberisch.

Ich freue mich auf meinen Bruder, ich warte schon sehnsüchtig auf ihn, manchmal kann ich ihn spüren.

Wir werden auch in diesem Leben mit Kristallen heilen, ich freue mich sehr darauf.

Gott hat uns eine wundervolle Aufgabe geschenkt.

Ich liebe meine Mutter aus tiefstem Herzen, sie ist eine wundervolle Frau.

Ich bin so froh, bei ihr zu sein, und ich freue mich über dieses Leben.

Ich bin die Seele, die inkarnieren möchte, um bei Timanus zu sein. Es ist wundervoll, dass wir über Dich kommunizieren können, denn ich versuche schon lange, Kontakt zu meinem Bruder aufzunehmen, aber er kann mich nicht verstehen.

Jetzt weiß ich, dass er auf mich wartet und auch mit mir zusammen sein will, ich danke Dir. Unsere Mutter versucht sich mit einer neuen Schwangerschaft anzufreunden, es fällt ihr schwer.

Ich freue mich so sehr auf dieses Leben und auf meinen Bruder.

Mein Bruder und ich kommen aus dem ersten Atlantis auf Erden, während Du im zweiten Atlantis gelebt hast. Doch kennen wir uns schon von dem Planeten Atlantis, auch damals waren wir alle Priester. Wir haben mit Dir zusammen gearbeitet und Heilungen durchgeführt. Wir haben Dich geliebt, wir waren Deine Kinder. Du warst unsere Mutter und Antanas unser Vater. Ihr wart sehr, sehr stark, und so sind auch wir sehr stark geworden.

Wir treffen uns in diesem Leben wieder, damit Du uns den Weg

bereitest und wir Großes vollbringen können. Wir brauchen Deine Hilfe.
Wirst Du für uns da sein? »Natürlich werde ich für Euch da sein, ich liebe Euch.
« Wir werden uns wiedersehen, Malia, ich freue mich so.

Timanus hat recht, Du warst unsere Mutter auf dem Planeten Atlantis. Ich habe Dich sehr geliebt.
Mein Vater und Du, Ihr wart ein wundervolles Paar, ich habe Euch sehr bewundert. Ihr habt uns so viel gelehrt, und noch immer haben wir dieses Wissen in uns, und wir werden es in diesem Leben anwenden dürfen.
Ich bin Dir sehr dankbar, und ich bin froh, Dich wieder getroffen zu haben. Wir werden uns noch oft sehen, ich weiß es, und ich freue mich darauf.
Es ist so wundervoll, dass wir uns alle wieder begegnen.
Und Antanas, werden wir auch ihm begegnen?
»Er ist nicht hier, aber er spricht zu mir. Vielleicht werdet auch Ihr zu ihm sprechen können.«

Ich bin Kuthumi. Ich möchte Euch sagen, dass ich mich sehr freue über das große Interesse, das Ihr diesen neuen Ereignissen entgegenbringt. Die Erde braucht unser aller Hilfe, und wir werden Euch helfen, dass jeder seine Aufgabe in diesem Zusammenspiel findet und erfüllt.

Der Lichtkörperprozess geht immer schneller vonstatten.
Ihr befreit Euer eigenes Licht von aller Dunkelheit, die es umgibt. Ihr werdet Euch Eurer eigenen Größe bewusst und entfernt alles Dunkle, dass das Leuchten dieses Lichts bislang verhindert oder behindert hat.
Ihr aktiviert Euer Chakrensystem über die Kundalini, alle Chakren werden angesprochen. Die Öffnung zum Göttlichen wird aktiviert, Ihr kommt in die Harmonie.
Alles in Euch richtet sich aus, als wenn ein trüber Kristall plötzlich klar und rein würde.
Diese Ausrichtung geschieht wie von selbst, wenn ihr Euch einmal auf den Weg begeben habt. Und je weiter der Lichtkörperprozess voranschreitet, desto schneller kann diese Ausrichtung in die Harmonie ablaufen, dies hängt von der Seele und ihrem Entwicklungsstand ab.
Einen Prozess, für den andere Seelen Jahre gebraucht haben, den können einige Seelen jetzt in wenigen Monaten absolvieren. Dies ist möglich durch die Erhöhung der Schwingung, alles geht immer schneller und schneller.

Ich bin die Seele, die zu Timanus, ihrem Bruder, will. Ich habe schon zu Euch gesprochen. Ich bin Hedonis, der höchste Priester des ersten Atlantis auf Erden.
Lange habe ich darauf gewartet, wieder etwas tun zu können. Gott Vater möchte, dass ich meinen Bruder begleite und wir zusammen Wunder vollbringen. Ich erfülle diesen Auftrag mit großer Freude. Ich werde meinen Bruder wiedersehen und meine frühere Mutter Malia und meine neue Mutter, ich freue mich so.
Und ich darf mit meinem Bruder die Erde heilen, wie wundervoll.

Ich bin ein Priester aus dem ersten Atlantis auf Erden, ich heiße Telenos.
Ich habe mit den beiden anderen Priestern gearbeitet, ich war ihnen unterstellt. Ich kenne sie gut, ich weiß, dass sie ihre Aufgaben auf der Erde bestens erfüllen werden.
Ich werde ihnen zur Seite stehen, wie sie mir zur Seite gestanden haben, als ich auf der Erde inkarniert war, um große Heilungen zu vollbringen.

Wir warten gespannt auf die Ereignisse, die auf der Erde geschehen werden. Wir stehen bereit, Euch und allen anderen inkarnierten Atlantern zu helfen.
Großartige Heilungen werden vollbracht werden. Ihr glaubt gar nicht, was wir alles bewegen können.
Die Schwingung auf der Erde erhöht sich.
Sie bewegt sich in rapidem Tempo auf Schwingungen zu, die in der Geistigen Welt zu Hause sind. Ihr müsst Euch anpassen und Eure eigene Schwingung erhöhen.
Indem Ihr mit der geistigen Welt, mit Engeln, geistigen Führern und Helfern kommuniziert, geschieht genau das, Ihr stellt Euch auf die Schwingung des geistigen Wesens ein und passt Euch an.
Durch jede Kommunikation dieser Art wird Eure Schwingung auch dauerhaft etwas erhöht.
Es findet eine Ausrichtung Eures inneren Kristalls statt, Stück für Stück.

Ich bin Antekos. Ich möchte über das Thema Heilung sprechen.
Jedes gesunde Organ hat eine bestimmte Schwingung, diese besteht aus Energie, Farbe und Klang. Wir können ein krankes Organ

mit der Energie, der Farbe und dem Klang des gesunden Organs heilen. Dies ist ein einfacher Vorgang, nur braucht Ihr Kenntnisse über diese Zuordnungen.
Sie werden Euch zur richtigen Zeit zukommen.

Wir bewegen uns in rasantem Tempo dem Aufstieg entgegen. Viele Menschen werden einfach mitgerissen von dieser Energie. Euer Leben steht auf dem Kopf, was bisher für Euch gut und richtig war, stimmt plötzlich nicht mehr. Ihr nehmt wahr, dass ganz andere Aufgaben auf Euch warten, als ihr bislang angenommen habt. Vielleicht findet ein Kampf in Euch statt, Euch mit diesen neuen Aufgaben anzufreunden, aber dann werdet Ihr erkennen, dass in diesen Aufgaben auch Eure Heilung steckt.
Vertraut auf die Geistige Welt, wir führen Euch zu Eurer Erfüllung.

Ich bin Maha Cohan, ein aufgestiegener Meister. Ich möchte zu Euch sprechen.
Die Geistige Welt wählt für jeden Menschen die richtigen Aufgaben aus, die ihn zu seiner eigenen Heilung führen und sein ganzes Potenzial zur Entfaltung bringen.
Die Aufgabe, zu der wir Malia geführt haben, hätte sie sich nicht vorstellen können, doch bedeutet es für sie ihre innere Heilung.
Sie erkennt das Potenzial, das in ihr geschlummert hat, und wird ihr Leben und ihre Aufgaben anpacken.
Das Gleiche tun wir für jeden von Euch, wenn wir sehen, dass Ihr dafür bereit seid.
Wir führen Euch sanft Eurer eigentlichen Aufgabe in diesem Leben zu, und wenn sie sich Euch eröffnet, werdet Ihr erkennen, dass Euer ganzes bisheriges Leben auf diese Aufgabe ausgerichtet war. Ihr

erkennt plötzlich, dass sich alles zusammenfügt. Dinge, die Ihr getan und gelernt habt und nicht wusstet wozu, bekommen nun einen Sinn und Zweck. Alles fügt sich zusammen, Ihr erkennt Eure Lebensaufgabe, Euer Lebensziel.

Ich, Telenos, möchte Euch sagen: Ein neues Atlantis auf Erden ist im Entstehen.

Wenn Ihr alle diesen Weg gehen wollt, werden wir sehr, sehr stark werden.

Die Seelen von Atlantis sind so voller Freude, diese Aufgabe erfüllen zu dürfen, schließt Euch ihnen an, und dieser Weg kann nur zum Erfolg führen.

Die Kinder des Lichts bringen viel Licht auf die Erde. Die Schwingung der Erde wird sich sehr schnell erhöhen, da deren Schwingung sehr hoch ist.

Ihr müsst Euch auf sie einstellen, Eure eigene Schwingung erhöhen. Sie sind in den Sphären des Lichts zu Hause, das Dunkle, das es auf der Erde gibt, ist ihnen nicht vertraut, es erschreckt sie und kann dazu führen, dass sie sich in sich kehren. Ihr müsst immer daran denken, sie zu schützen und sie mit dem Leben auf der Erde vertraut zu machen.

Aber lasst ihnen die Freiheit, die Dinge zu leben, die sie kennen, die ihnen vertraut sind, seien es Kristalle, Tempel, Gebete, fleischlose Ernährung oder anderes. Zwingt sie nicht, Dinge zu tun, die ihnen völlig widerstreben.

Akzeptiert sie als selbständiges, wissendes Individuum, das weiß, was für es selbst am besten ist.

Diese Kinder sind anderen Kindern geistig weit überlegen, sogar manchem Erwachsenen. Vielleicht können sie Euch sogar aus ihrem Leben in Atlantis erzählen.

Lasst sie reden und freut Euch, dass Ihr an diesem Wissen teilhaben dürft, es ist wundervoll, ihnen zuzuhören.

Ihre Liebe ist ansteckend, lasst Euch anstecken und steckt auch andere damit an. Diese Liebe ist Heilung für Euch. Diese Liebe wird sich sehr schnell ausbreiten, es werden immer mehr Menschen davon erfasst werden.

Die Schwingung erhöht sich jetzt rasant, Ihr werdet starke Veränderungen spüren.

Auch große Systeme wie Industrien und dergleichen werden diese Schwingungserhöhungen zu spüren bekommen, ein großer Wandel steht bevor.

Bleibt im Vertrauen und geht Euren Weg, dies ist der Weg, die Erde zu heilen.

Ich bin Antanas.

Ich freue mich, dass die Seelen meiner Kinder vom Planeten Atlantis auch auf Erden inkarnieren und inkarniert haben, um der Erde Heilung zu bringen.

Manchmal im Leben, wenn es zu einer großen Veränderung kommen soll, muss der Mensch erst eine Entscheidung treffen und den ersten Schritt tun, damit wir wissen, er ist jetzt bereit, diesen Schritt zu gehen. Erst dann können wir helfen.

Die Entscheidung, einen großen Wandel herbeizuführen, ist schwer. Du musst das Alte und Vertraute loslassen, du musst Dich öffnen für das Neue, Du musst die Veränderung zulassen und viel Vertrauen haben. Vertrauen in Dich, in Deine Entscheidung und in Deine geistigen Führer, die Dich zu diesem neuen Weg führen. Vertraue ihnen, sie tun das Bestmögliche für Dich.

Vertraut uns!

Habt Ihr Euch entschieden, unseren Weg zu gehen, und habt Ihr uns dies durch einen entscheidenden Schritt gezeigt, so werden wir alles tun, Euch zu helfen, Euren Platz in diesem Leben einzunehmen. Glaubt und vertraut, wir werden das Bestmögliche für Euch tun.

Ich bin Tegor vom Mars. Ich freue mich, dass Hedonis auf der Erde inkarnieren wird. Er wird Großes vollbringen.
Er und Timanus waren Brüder auf dem Planeten Atlantis, und Malia war ihre Mutter. Sie waren überaus kraftvoll, stammen sie doch von den höchsten Priestern ab.
Dies ist für beide die erste Inkarnation nach dem ersten Atlantis auf Erden.
Sie haben alles Wissen und alle Kräfte in sich, um Heilung geschehen zu lassen für die Erde und für die Menschen.

Ich bin ein Wesen aus dem All, ein aufgestiegener Meister. Ich bin Mahatma.
Auf Erden habe ich gelebt vor langer, langer Zeit.
Ich war ein Avatar wie Sai Baba heute. Ich bin aufgestiegen zu den Meistern.
Ich nehme von der Geistigen Welt aus wahr, was auf der Erde geschieht, und versuche bestimmten Menschen Informationen zu geben, die sie der Welt mitteilen sollen.
Die Erde erhält die Hilfe der Atlanter. Sie werden wundervolle Veränderungen auf der Erde herbeiführen, doch ist jede Veränderung, jeder Wandel auch mit Verlust verbunden. Ihr erhaltet neue Dinge, neue Möglichkeiten, müsst jedoch auch auf Altes und Vertrautes verzichten.
Dies ist der Lauf der Zeiten, es wird immer so sein. Leben ist Wandel, und Wandel bedeutet, sich öffnen für das Neue und loslassen des Alten und Vertrauten.
Es ist eine Bereicherung für Euch, nur müsst Ihr dies erkennen.
Lasst los, und lasst Euch von der Energie des Neuen mitreißen, es ist Euer Glück und Eure Freude, lasst es geschehen.

Ich bin Hedonis.
Meine Mutter möchte kein Kind mehr bekommen, was soll ich tun?

Lieber Hedonis, die Frau, die die Mutter von Timanus ist, wird nicht Deine Mutter sein. Hab noch ein wenig Geduld, und Du wirst sie finden. Wir führen Dich zu ihr. Sie ist bereit, Dich zu bekommen. Sei nicht traurig, Hedonis, Du wirst Timanus wiedersehen.

Ich möchte so gerne bei Timanus sein.

Es geht nicht, Hedonis. Hab Vertrauen, es ist besser so. Ihr werdet Euch begegnen – später.

Ich bin Kuthumi. Die Geistige Welt möchte den Menschen und der Erde beim Aufstieg helfen.
Wir alle, die aufgestiegenen Meister, versuchen Kontakt zu Menschen herzustellen, die Wissen unter den Menschen verbreiten, und ihnen die Dinge bewusster zu machen, die geschehen werden.
Es ist wichtig, dass Ihr diesen Weg bewusst und voller Freude geht und dass Ihr Eure eigene Schwingung anpasst, um nicht von den Ereignissen, die durch die Schwingungserhöhungen ausgelöst werden, überfordert zu werden.
Die Schwingungen werden höher und feiner, schwerer für Euch zu ertragen. Findet Ihr Eure Anpassung nicht, öffnet Ihr die Tür für nicht ertragbare Ereignisse in Eurem Leben.

Ich bin Kaminis, Dein Jugendfreund. Ich soll inkarnieren, schon bald, ich möchte Dir noch etwas sagen. Damals in Atlantis warst Du immer mehr als eine Schwester für mich, ich habe Dich geliebt, von klein auf, bis zum Untergang.

Ich, Meister Kuthumi, spreche zu Euch. Die aufgestiegenen Meister möchten den Kindern der Erde helfen.
Jeder von uns ist für einen Strahl und bestimmte Aufgabenbereiche zuständig. Habt Ihr ein Anliegen, so wendet Euch an den Meister, der diesen Strahl lenkt.
Mein Strahl ist der goldene Strahl, der Strahl der Fülle.
Jeder von uns möchte, dass die Erdenkinder in Harmonie den Aufstieg erreichen und der Erde beim Aufstieg helfen.
Und wir wollen Euch dabei helfen, deshalb möchte ich Euch einen Überblick über einige der aufgestiegenen Meister geben.

Kuthumi – goldener Strahl: Fülle, Reichtum, innere Ruhe, Geborgenheit
Serapis Bey – weißer Strahl: Aufstieg, Reinigung
Maitreya – pfirsichfarbener Strahl: wahre Berufung, göttliche Aufgabe, Freude
Rowena – rosa Strahl: bedingungslose Liebe, persönliche Liebe
Sananda – magentafarbener Strahl: Gewahrsein Gottes
Maha Cohan – aquamarinfarbener Strahl: Lebensziel, Klarheit

Ihr könnt Euch jederzeit mit Euren Problemen an uns wenden, wir helfen gerne.
Wir möchten dazu beitragen, dass der Aufstieg der Erde gelingt und möglichst viele Menschen mithelfen.
Die Erde wird heilen.
Die Erde wird immer lichter werden, der Panzer der Dunkelheit wird von ihr abfallen, Liebe und Harmonie wird sie erfüllen, Freude entsteht auf Erden. Der innere Kristall der Erde wird sich klären und

zu strahlen beginnen, Heilung geschieht wie im Menschen so auch in der Erde. Wir brauchen Euer aller Hilfe für diese Aufgabe.
Über der ganzen Erde sollen Gebete gesprochen werden, der Erde soll Heilung zugeführt werden.
Die Liebe wird die Erde heilen, und die atlantischen Kinder bringen diese allumfassende Liebe mit sich auf die Erde.
Ihr werdet es erkennen, wenn erst mehr von ihnen unter Euch sind, wie sich die Energie verändert.
Sie öffnen neue Tore der Harmonie, des Friedens und der Liebe. Ihr werdet von dieser Welle erfasst werden.
Vertraut auf die Geistige Welt, alles geschieht zu Eurer und der Erde Heilung, der Aufstieg wird vollbracht.

Die aufgestiegenen Meister möchten uns helfen, die atlantischen Seelen als Menschen auf die Erde zu bringen.
Sie stellen uns ihre Hilfe zur Verfügung, deshalb werden wir einige von ihnen und ihre Aufgabenbereiche hier vorstellen, damit ihr wisst, an wen Ihr Euch mit Euren Problemen, die den Aufstieg und die atlantischen Seelen betreffen, wenden könnt.
Sie werden Euch jederzeit helfen.
Wir arbeiten alle zusammen, die Geistige Welt unterstützt den Aufstiegsprozess in jeder Hinsicht.
Deshalb vertraut uns – Ihr werdet alle Hilfe bekommen, die Ihr braucht, um Eure Aufgaben erfolgreich zu erfüllen.
Gott ist mit Euch, ich segne Euch, meine lieben Kinder.

Ich bin Meister Kuthumi. Ich bin begeistert, dass Ihr in Eurem Buch über uns sprechen wollt und so noch viel mehr Menschen von uns und unseren Aufgaben erfahren. Wir sind alle überglücklich. Der Auf-

stieg liegt uns sehr am Herzen, und wir möchten den atlantischen Seelen bei ihrer Inkarnation und bei ihren Aufgaben gerne helfen.
Wir sind für jeden von Euch da, wir stehen Euch mit Ratschlägen zur Seite und sorgen dafür, dass die Erfüllung Eurer Aufgabe erfolgreich gelingt.
Wir sind bei Euch, wir warten auf Eure Fragen, wir sind bereit.
Traut Euch, uns zu fragen, wir freuen uns über jeden, der mit uns Kontakt aufnimmt, wir freuen uns, helfen zu dürfen.
Bleibt im Vertrauen, die Geistige Welt hilft, wo sie kann.
Wir werden den Aufstieg alle zusammen meistern.

Ich, Elias, möchte zu Euch über den aufgestiegenen Meister Kuthumi sprechen.
Er lenkt den goldenen Strahl, und seine Aufgabenbereiche sind Fülle, Reichtum, innere Ruhe und Geborgenheit.
Er sorgt dafür, dass Ihr keine Not leiden müsst, wenn Ihr Eure göttlichen Aufgaben wahrnehmt.
Er kümmert sich um die Fülle auf finanzieller Ebene, dass Ihr Euch nicht darum sorgen müsst, sondern Euren göttlichen Aufgaben nachgehen könnt, oder aber, dass Ihr die Möglichkeit erhaltet, mit eurem Tun das Geld zu verdienen, das Ihr zum Leben braucht.
Er unterstützt alle Prozesse der Transformation zu Eurem besseren Selbst und zur Erfüllung Eures Lebens.
Meister Kuthumi verbindet Euch mit der Erde.
Er lässt innere Ruhe und Gelassenheit in Euch entstehen, damit Ihr in Eure Mitte kommt.
Und aus dieser Mitte heraus hilft er Euch, Eure Lebensaufgaben zu erkennen und zu erfüllen.
Auch sie werden, sinnbildlich, zur Fülle Eures eigenen Lebens beitragen.
Außerdem unterstützt er alle Prozesse der Transformation in der Erde. Wollen wir die Erde heilen, ist er immer der Helfer an unserer Seite.

Ich, Telenos, möchte sprechen.
Wir freuen uns sehr, dass die aufgestiegenen Meister sich so für unsere Sache einsetzen wollen. Die atlantischen Seelen sind überglücklich. Für sie bedeutet diese Hilfe bestes Gelingen aller Vorhaben, aller Aufgaben.
Wir freuen uns, und wir danken den aufgestiegenen Meistern für ihre Mithilfe bei den atlantischen Inkarnationen.
Wir können dieses Unternehmen Aufstieg nur zum Erfolg führen.

Ich möchte jetzt über den aufgestiegenen Meister Serapis Bey sprechen. Er ist der Lenker des weißen Strahls und für den Aufstieg zuständig. Er hat es übernommen, Entscheidungen zu treffen, die sich mit dem Aufstieg befassen, wie die Unterstützung der atlantischen Seelen. Er ist Euer Ansprechpartner, wenn Ihr Probleme mit Eurem eigenen Aufstiegsprozess, dem Lichtkörperprozess, habt. Alle, die dieses Buch lesen, befinden sich schon auf einer Stufe des Lichtkörperprozesses, des Prozesses der eigenen Klärung, der den dunklen, schweren Panzer, der um Euch herum gewachsen ist, aufbricht, um Euer Licht wieder strahlen zu lassen.
Dieser Prozess wurde eingeleitet durch die immer höheren Schwingungen, die auf Euch einstrahlen und Euch gleichzeitig auffordern, Eure eigene Schwingung anzugleichen.
Dieser Prozess löst große Veränderungen in Eurem Leben aus, sei es, dass die Arbeit, die Ihr bis jetzt ausgeübt habt, nicht mehr richtig ist für Euch, oder sei es, dass Euer bisheriger Partner oder Eure bisherige Partnerin die Veränderungen, die in Euch vorgehen, nicht versteht und auch nicht mitgehen kann, so dass es zu einer Trennung kommt.
Tiefgreifende Veränderungen finden in Eurem Leben statt. Braucht

Ihr Rat, so wendet euch an Serapis Bey, er wird Euch unterstützen und Euch den Mut schenken, Euren Weg zu gehen.
Serapis Bey ist auch zuständig für die Reinheit, das bedeutet, er wird Euch zu einer Entscheidung verhelfen, die Eure Seele gehen will, um rein zu werden.
Dies kann zu Schmerzen und Verlust führen, denn Veränderungen sind immer auch mit Verlust verbunden, Trennungen sind schmerzhaft.
Doch Eure Seele will rein werden, sie will sich von karmischen Zwängen befreien. Ihr werdet frei werden, das zu leben, was Ihr wirklich wollt.
Ihr werdet aufsteigen, und Eure Seele wird rein werden.
Dieser Prozess bringt Euer Licht, Euren inneren Kristall zum Strahlen.
Vertraut uns und bittet Serapis Bey um Hilfe, damit Ihr die richtigen Entscheidungen für Euer Leben trefft.

Wir werden jetzt über Lord Maitreya sprechen. Er ist der Lenker des pfirsichfarbenen Strahls. Sein Aufgabenbereich ist die wahre Berufung eines Menschen.
Er kann Euch helfen, zu Eurer wahren Berufung zu finden, zu der Aufgabe, die Euer Leben erfüllt und es für Euch wundervoll werden lässt.
Er erkennt die wahren Talente eines Menschen und hilft Euch dabei, diese zu erkennen und in Eurem Leben einzusetzen, so dass aus Eurer Berufung einmal Euer Beruf werden kann.
Bittet ihn um seine Hilfe, wenn Ihr nicht erkennen könnt, wo Eure Berufung liegt, oder Ihr Hilfe braucht, diese Berufung in Euer Leben zu integrieren.
Es ist ihm eine Freude, Euch Eurer wahren Berufung zuzuführen und zu sehen, wie ihr dabei aufblüht und immer größer und schöner werdet.
Vertraut und lasst es geschehen.

Ich, Kuthumi, spreche zu Euch.
Ihr merkt, die Aufgabenbereiche der aufgestiegenen Meister sind nicht völlig voneinander getrennt, sie gehen ineinander über.
Sorgt Euch nicht, wenn Ihr nicht genau wisst, wer der richtige Ansprechpartner für Euch ist, wir werden Euch antworten, der Richtige wird Euch helfen.

Ich bin Antanas.
Ich freue mich über die Unterstützung der aufgestiegenen Meister für die atlantischen Seelen. Wir alle arbeiten an der gleichen Sache, wir wollen Harmonie im Weltall herstellen, dafür ist der Aufstieg der Erde unerlässlich.
Arbeiten wir alle zusammen, können wir nur erfolgreich sein.

Ich möchte jetzt über den aufgestiegenen Meister Lady Rowena sprechen.
Sie lenkt den rosa Strahl, ihre Aufgabe ist die bedingungslose Liebe. Sie hilft Euch, diese Liebe in Euch wiederzufinden und sie von neuem erstrahlen zu lassen.
Ihr alle habt diese Liebe einmal in Euch gehabt, aber durch die vielen Inkarnationen ist sie oftmals verschüttet und muss erst wieder freigelegt werden.
Bittet sie um Hilfe, diese wundervolle Liebe in Euch wiederzufinden, sie wertet Euer Leben so unbeschreiblich auf, dass Ihr sie nie wieder missen wollt.

Ich spreche jetzt über den aufgestiegenen Meister Sananda, der hier auf Erden Jesus war.
Er lenkt den magentafarbenem Strahl und ist für das Gewahrsein Gottes zuständig. Er erinnert an die Allgegenwart Gottes, der immer bei uns ist und dessen Liebe für uns immer da ist, da war und da sein wird.
Ihr seid im Reich Gottes, und Ihr werdet geliebt, so wie Ihr seid mit allen Euren Fehlern. Habt Ihr eine Schuld auf Euch geladen, so wird Euch vergeben, bereut und nehmt die Vergebung an und erkennt, dass dies der Lauf des Lebens ist.
Ihr macht Fehler, Ihr erkennt sie, Ihr bereut sie, und Ihr lernt daraus, es in Zukunft besser zu machen.
Gebt Euch zufrieden damit und akzeptiert es.
Schließt Frieden mit Euch und mit dem Leben und kommt in Eure eigene Mitte.
Beginnt das Leben zu lieben, so wie es ist.
Das Leben ist für Euch da, es bringt Euch alle Sachen, Dinge, Menschen, Situationen, die Euch helfen zu lernen und Euch weiterzuentwickeln, auf dass Euer innerer Kristall sich klärt und zu strahlen beginnt.
Das Leben ist gut, so wie es ist, und Gott ist immer für Euch da.

Ich, Meister Sananda, möchte zu Euch sprechen.
Ich bin hocherfreut, dass Ihr uns in Euer Buch aufnehmt und uns vielen Menschen näherbringt.
Wir sind für jeden von Euch da. Kommt mit Euren Anliegen zu uns, und wir werden Euch sagen, was zu tun ist.
Könnt ihr selber unsere Antwort nicht verstehen, so wird sich jemand in Eurer Nähe finden, der sie Euch übermittelt. Wir finden

immer Wege, dies geschehen zu lassen. Vertraut uns, wir sind immer für Euch da.

Jetzt sprechen wir über den aufgestiegenen Meister Maha Cohan. Er ist der Lenker des aquamarinfarbenen Strahls, sein Aufgabenbereich ist das Lebensziel eines Menschen und die Klarheit, dieses zu erkennen.

Er hilft Euch dabei, auf Euer Lebensziel zuzugehen, das Euch vielleicht noch gar nicht bewusst ist, er führt Euch durch Höhen und Tiefen, lässt Euch Dinge tun und lernen, die Ihr zu dem jeweiligen Zeitpunkt vielleicht gar nicht versteht und von denen Ihr auch gar nicht wisst, wozu das notwendig ist.

Aber irgendwann, vielleicht erst viel später, kommt Ihr an einen Punkt, an dem Ihr erkennt, wozu das alles gut war.

Als ginge Euch ein Licht auf, liegt Euer Lebensziel dann vor Euch, und alles, was Ihr gelernt und getan habt, bekommt plötzlich einen Sinn, denn es hat Euch alles auf dieses Lebensziel zugeführt, ohne dass Ihr es jemals geahnt hättet.

Es fällt Euch wie Schuppen von den Augen, und dann wisst Ihr, das ist es, was Ihr tun sollt und worin Ihr ein Meister werden sollt.

Ergreift dieses Lebensziel und tut alles, was nötig ist, um es zu erreichen.

Lasst Euch nicht davon abbringen.

Bittet Maha Cohan, Euch den Weg zu weisen, Euch über alle Hindernisse hinweg und durch alle Schwierigkeiten hindurch zu führen, bis Ihr den Weg gefunden habt, für dieses Lebensziel zu leben und zu arbeiten.

Euer Leben wird erfüllt sein.

Maha Cohan begleitet Euch gerne auf diesem Weg, er geht mit Euch.

Ich, Kuthumi, spreche zu Euch.
Wir verfolgen die Entwicklung auf der Erde mit großem Interesse.
Die Welle der Begeisterung wird immer stärker, die Zahl der Helfer immer größer.
Es ist wundervoll, Euch zuzusehen. Wir sind bei Euch.

Ich bin Timanus. Meine Mutter will meinen Bruder Hedonis nicht zur Welt bringen, ich bin sehr traurig.
Ich habe mich schon so auf ihn gefreut.
Jetzt soll ich doch alleine bleiben.
Werde ich Hedonis wiedersehen?

Lieber Timanus, Du wirst Hedonis wiedersehen, aber es wird noch dauern. Er wird eine andere Mutter bekommen, die er genauso lieb haben wird wie Du Deine.
Sei nicht traurig, Du wirst ihn wiedersehen – später.

Ich bin Alana, eine Priesterin aus Atlantis. Ich möchte Dir sagen, dass Dein Buch wundervoll wird.
Wir freuen uns alle sehr darauf.
Wir wünschen Dir viel Glück auf all deinen Wegen, wir danken Dir.

Ich bin Meister Kuthumi.
Wir haben jetzt die für Euch wichtigsten aufgestiegenen Meister vorgestellt, die beim Aufstieg und der Inkarnation der atlantischen Seelen helfen können.
Wendet Euch mit allen Fragen und Problemen an uns, wir helfen gerne.

Ich bin es, Inda. Auch ich war Priesterin in Atlantis, und ich war auch Deine Freundin, wir waren wie Schwestern.
Wir sind uns begegnet vor vielen Jahren, denn auch ich bin ein Mensch und habe viele Inkarnationen durchgemacht. Wir haben diese tiefe Verbindung immer gespürt, über all die Jahre, die wir uns nicht gesehen haben, und wir wussten, wir werden uns eines Tages wiederbegegnen.
Ich hoffe, dass dies jetzt bald geschieht. Ich freue mich sehr darauf. Du hast mir gefehlt, und Du musst mir helfen, meine Aufgabe in diesem großen Spiel zu finden.
Ich freue mich auf Dich und bitte Gott, dass er uns bald zueinander führen möge.

Inda freut sich, dass Du sie besuchen willst nach so langer Zeit. Du wirst sie finden, wir helfen Dir dabei.
Ihr seid gerade dabei, Eure Seelenverbindung wieder zu erwecken, sie wird Dich spüren, Ihr werdet den Weg zueinander wieder öffnen.

Alle atlantischen Priester, die auf Erden inkarniert sind, sollen am Aufstieg und an der Inkarnation der atlantischen Seelen mitwirken, jeder hat seine Aufgabe.
Du wirst Inda besuchen und sie ihr nahebringen.
Sie wird sich öffnen dafür, denn auch sie spürt ihre Verbindung zu Atlantis, selbst wenn sie bis jetzt noch nicht damit in Kontakt gekommen ist. Du wirst ihr Dein Wissen vermitteln, so gut Du kannst in ihrer Sprache.
Sie ist begierig, diese Dinge zu erfahren. Es ist keine leichte Aufgabe für Dich, aber Du wirst es schaffen.
Bücher über dieses Thema sind in ihrem Land nicht so verbreitet wie hier, deshalb wirst du ganz von vorne anfangen müssen. Aber sie hat einen Zugang zur Geistigen Welt, der sie erkennen lässt, dass Deine Geschichte wahr ist.
Wir sind bei Dir und helfen Dir, diese Aufgabe zu erfüllen.

Ich, Antanas, spreche zu Euch. Inda war nicht nur eine Freundin von Malia im zweiten Atlantis auf Erden, sie war auch unser gemeinsames Kind auf dem Planeten Atlantis.
Sie war die Schwester von Timanus und Hedonis, deshalb ist die Verbindung zwischen ihnen über all die Jahre so stark geblieben.
Sie werden sich wiederfinden.

Ich, Deine atlantische Seele, möchte sprechen.
Damals auf dem Planeten Atlantis war Inda meine Tochter. Sie war unser drittes Kind, die erste Tochter. Ich habe sie sehr geliebt und tue es noch immer. Auch sie ist Priesterin geworden in jenem Leben und hatte große Kräfte. Sie ist mit mir gekommen in das zweite Atlantis auf Erden, und wir haben auch hier eine glückliche Zeit

miteinander gehabt, wir waren wie Schwestern. Leider hast Du sie in diesem Leben aus den Augen verloren, weil Du Dich um Deine karmischen Aufgaben kümmern musstest. Jetzt ist der Zeitpunkt gekommen, diese Verbindung wiederherzustellen, ich freue mich.

Die atlantischen Kinder freuen sich, an diesem Leben teilnehmen zu dürfen, sie sind vollkommen ausgelassen.
Lasst sie das Leben genießen, und nehmt Euch ein Beispiel an ihnen. Lasst sie sein, wie sie sind, und natürlich und voller Freude und Tatendrang dieses Leben anpacken und alles schaffen, was sie als Aufgabe mitgebracht haben. Sie sind voller Energie und nicht zu bremsen, lasst sie gewähren, sie finden ihren eigenen Rhythmus, der es ihnen ermöglicht, ihre Aufgaben zu erfüllen.

Ich bin eine Wesenheit aus dem All, ich möchte zu Euch sprechen. Wir alle, die Wesenheiten aus dem All, von anderen Planeten und Sternen, wir wollen Euch beim Aufstieg helfen.
Wir werden von unserem Platz aus heilend auf die Erde einwirken.
Wir wollen, dass der Aufstieg der Erde gelingt und die Erde ihren schweren und disharmonischen Panzer abstreift und in die Harmonie kommt.
Wir wünschen Euch ein gutes Gelingen.

Wir wünschen jetzt allen Helfern Gottes Segen und wünschen ihnen den Mut, ihre Aufgaben anzupacken, und die Liebe, um sich selbst und die Erde zu heilen und andere Menschen an ihrer

Liebe teilhaben zu lassen. Ich wünsche Euch die Stärke und das Durchhaltevermögen, Euren Weg zu gehen und Euch durch nichts von Eurer Lebensaufgabe und Eurem Lebensziel abbringen zu lassen. Seid stark, geht Euren Weg, wir helfen Euch, diesen Weg zu gehen und Eure Aufgaben zu erfüllen, wir sind bei Euch.

Hier ist Xena, Deine Freundin aus dem zweiten Atlantis auf Erden. Es gab noch eine andere Verbindung zwischen uns, Du warst meine Schwester auf dem Planeten Atlantis. Wir hatten uns sehr lieb, wir haben alles miteinander geteilt.
Deine Kinder waren auch meine Kinder, ich hatte sie sehr, sehr lieb, und ich sehe voller Freude, wie Du sie wiederfindest und ihnen hilfst, ihre Aufgabe zu erkennen.
Gott ist bei Dir. Ich segne Dich, Malia.

Ich bin Serenus, ich lebe mit meinem Volk im All. Wir sind Gottes Helfer. Wir erfüllen alle Seine Wünsche.
Wir verfolgen gespannt die Entwicklung auf der Erde und sind voller Freude über diese neuen Schwingungen, die auf der Erde entstehen.
Die atlantischen Seelen werden die Schwingungen auf der Erde enorm erhöhen, ihre Liebe wird der Erde beim Aufstieg helfen.
Sie werden neue Tore der Harmonie und des Friedens öffnen, die die Schwingung der Erde immer wieder sprunghaft ansteigen lassen werden. Der Aufstieg ist in vollem Gange.

Ich bin ein Wesen von einem anderen Stern.
Ich möchte Dir sagen, wie sehr wir uns über dieses Buch freuen und darüber, dass unsere Botschaften den Menschen mitgeteilt werden. Wir danken Dir.

Wir sprechen jetzt über Heilungen, wie wir sie in Atlantis abgehalten haben.
Wir hatten riesengroße Quarzkristalle, die ganz rein waren.
Wir hatten eine Methode entwickelt, sie selber herzustellen, und sie nahmen die natürliche Form eines Kristalls an, sie hatten eine überwältigende Strahlung.
Quarzkristalle übermitteln magnetische Energie und können alle Informationen übertragen, mit denen man sie aufgeladen hat.
Wir programmierten diese mannshohen Kristalle mit Heilung und Liebe, und wir ließen einen Kranken davor Platz nehmen.
Die Strahlung des Kristalls erzeugte eine starke Reaktion in der Person, und wir sprachen Gebete für den Heilungssuchenden, damit Körper, Geist und Seele wieder in Harmonie kamen.
Solch eine Behandlung hatte im Allgemeinen einen durchschlagenden Erfolg, nur in wenigen Fällen wollte Gott Vater die Heilung nicht gewähren, weil der Betreffende noch etwas zu lernen hatte durch seine Krankheit.
Es gab Heilungen, bei denen die Kristalle um den Körper herum gelegt wurden, mit vielen verschiedenen Legesystemen für die unterschiedlichsten Beschwerden. Aber es gab auch Heilungen, bei denen die Kristalle auf den Körper aufgelegt wurden.

Die Heilung eines Kranken war unsere Hauptaufgabe. Wir bemühten uns sehr um jeden Patienten. Wir heilten insbesondere durch unseren Glauben, wir kannten viele Gebete, die wir bei den Heilungen sprachen.

Die Ehrung von Gott und die Bitte um Heilung eines Kranken waren die wichtigsten Handlungen der Zeremonie. Unser Glaube an Gott bestimmte unser Leben und die Heilzeremonien.

Die Barmherzigkeit Gottes war groß.

Wir behandelten einen Kranken außerdem mit Kristallen. Wir legten Kristalle auf seinen Körper auf. Wir bildeten ein großes Kreuz aus Kristallen auf seinem Körper, die Spitzen der Kristalle auf den Altar gerichtet.

Dies war eine heilige Kristallheilung. Auch die Kerzen um den Kranken herum waren in Kreuzen angeordnet.

Wir heilten durch Gott.

Ich, Deine atlantische Seele, erzähle Dir von den Heilungen in Atlantis. Sie wurden bei Nacht abgehalten. Viele Kerzen brannten im Tempel. Sie waren wichtig für die Zeremonie.

Der Heilungssuchende wurde in eine Heilungsnische geführt, wo er auf einem Lager Platz nahm. Seine Brüder und Schwestern nahmen in einem anderen Raum Platz, wo sie während der ganzen Zeremonie in Trance Gebete sprachen.

Die Gebete waren bei unseren Zeremonien überaus wichtig, auch wir Priester sprachen während der Heilungszeremonie immer Gebete. Wir legten Quarzkristalle auf den Körper des Kranken auf. Ihre Spitzen zeigten alle zum Altar hin.

Im Kerzenschein begannen die Kristalle in allen Farben des Regenbogens zu leuchten, es war prachtvoll. Fiel auf einem erkrankten Organ eine Farbe des Regenbogens aus, hatten wir den Ort der Krankheit gefunden.

Dort legten wir dann Heilsteine auf, die die fehlende Farbe wieder aktivieren sollten.

Dies waren natürlich für jedes Organ andere Kristalle, da für jedes Organ eine andere Farbe stand.

Es geht um Geburt. Eine schwangere Frau wurde, wenn die Zeit der Geburt nahte, in den Tempel gebracht, in einen Raum, der vom Rest des Tempels abgetrennt war. Sie wurde mit einer Zeremonie bedacht, Kerzen brannten, und ihr Mann sprach Gebete für sie und für das Kind. Auch wir sprachen Gebete.
Wir beteten zu Gott, um Seine Hilfe für die Geburt zu erbitten. Unsere Gebete waren äußerst kraftvoll, sie durften bei keiner Zeremonie fehlen.

Ich, Deine atlantische Seele, spreche jetzt über den Tod in Atlantis. Der Tod war für uns immer ein Abschied auf Zeit. Wir wussten, dass wir wiedergeboren werden und dass wir den Seelen erneut begegnen, die für uns in jenem Leben wichtig waren.
Wir feierten den Abschied des Verstorbenen, wir balsamierten seinen Körper ein mit Essenzen, die wir aus Kräutern hergestellt und die eine kreideartige Konsistenz hatten.
Der Tote wurde aufgebahrt, damit wir alle Abschied nehmen konnten, dann brachte man ihn in eine Höhle im Felsen, die sein neues Zuhause wurde. Wir programmierten Kristalle auf Heilung, wir richteten sie auf ein Ziel in der Erde, und Heilung konnte geschehen in der Erde.
Wir setzten diese Art von Behandlung nur zum Wohle der Erde ein. Wir bemühten uns, Harmonie in der Erde herzustellen.
Die Kristalle gehörten zu unserem Leben, und wir dankten Gott aus tiefstem Herzen für dieses Geschenk.

In Atlantis feierten wir Zeremonien zu Ehren von Mutter Erde. Wir brachten ihr täglich Opfer dar und vollzogen Riten zur Anrufung von Mutter Erde, um ihre Hilfe für unser irdisches Dasein zu erbitten. Sie verlangt diese hingebungsvollen Zeremonien, um in ihre eigene Harmonie zu kommen und den Erdbewohnern in bedrohlichen Situationen in der Natur beistehen zu können.

Die Menschen dieser Tage haben sich vom Überlebenskampf in der Natur weit entfernt und somit auch die Anrufung von Mutter Erde verlernt.

Ihr alle sollt wieder lernen, wie wichtig Mutter Erde für Euch ist, schließlich lebt Ihr auf ihr, und ohne sie wird Euer Leben beendet sein.

Wir beginnen im Kleinen und rufen Mutter Erde an, wir bedenken sie mit einem Ritus, wir stehen in der freien Natur und rufen sie an. »Mutter Erde, wir schenken Dir unsere Liebe. Vergib uns das Unrecht, das wir Dir angetan haben, lass Heilung in Dir geschehen und stehe Deinen Kindern bei. Wir kommen, Dich zu ehren und Heilung allüberall in Dir geschehen zu lassen. Wir danken Dir, Mutter Erde.«

Ihr solltet dies in Euer Leben aufnehmen, Mutter Erde braucht unsere Liebe und unsere Hilfe.

Ihr sollt wieder lernen, die Erde zu achten, ihre Schönheit zu sehen und ihr Eure Liebe zu schenken.

Geht in die Natur, sprecht mit den Naturgeistern, den Elfen und Feen, den Devas, den Gnomen und den Erdgeistern.

Sie sind verantwortlich für die Pflanzen, die Gewässer, die Steine, die Erde, für alles, was die Natur beherbergt. Schenkt ihnen Eure Liebe, sprecht mit ihnen und bittet auch sie um Vergebung für das Unrecht, das die Menschen ihnen angetan haben.

Die Zeit des Aufstiegs wird dieses Unrecht heilen, und auch die Naturgeister werden in ihre Harmonie zurückfinden und der Natur bei der Heilung helfen.

Wir Atlanter haben noch immer die unendliche, allumfassende Liebe in uns, die wir in der Zeit von Atlantis in uns hatten. Für uns, die wir in der Geistigen Welt waren, hat sich seitdem nichts geändert. Wir sind erfüllt von Liebe, unendlicher Liebe.
Darum werdet Ihr vielleicht überrascht sein, wie die Kristallkinder auf ihre Umgebung zugehen. Ihre Liebe und ihre Freude über dieses Leben sind unglaublich stark, solange man sie nicht mit Dingen konfrontiert, die ihnen schaden.
Ihr solltet sie möglichst natürlich aufwachsen lassen.

Ich bin Kara. Ich war Dein Kind auf dem Planeten Atlantis.
Ich bin jetzt hier, weil ich bald inkarnieren möchte. Ich kenne meine Mutter schon, ich liebe sie. Ich kenne sie aus dem ersten Atlantis auf Erden, sie war eine Priesterin und ich ihr Mann. Auch ich war ein Priester in jenem Leben. Wir dürfen hier wieder zueinanderfinden, um unsere Aufgaben für Gott und Mutter Erde zu erfüllen. Ich freue mich sehr darauf. Wirst Du uns helfen?
»Natürlich werde ich Euch helfen, wenn Gott es zulässt und mir den Weg öffnet, ich liebe Dich.«
Er wird Dir bestimmt helfen, es ist Sein Wille, dass ich inkarniere. Er wird Dir den Weg ebnen.
Vertraue!

Ich bin es noch mal, Kara.
Ich möchte bei Serena inkarnieren, sie war meine Frau im ersten

Atlantis auf Erden, auch ich war Priester. Wir haben viel zusammen gearbeitet, ich liebe sie.
Ich freue mich darauf, ihre Tochter zu werden. Mein Vater ist noch nicht da, aber er wird bald kommen, er ist kein Atlanter, sie kennen sich aus einem anderen Leben, sie lieben sich sehr. Er wird bald kommen.
Ich freue mich auf dieses Leben, ich freue mich auf meine Mutter, und ich freue mich auf Dich, Malia, ich freue mich, dass wir uns endlich wiedersehen. Ich habe Dich sehr vermisst.
Ich liebe Dich von ganzem Herzen, und diese Liebe wird niemals vergehen. Wir sehen uns bald wieder, hier in diesem Leben. Gott Vater wird Dir den Weg öffnen, wie auch Du uns den Weg öffnest.
Wir alle danken Dir aus tiefstem Herzen, Malia.
Wir wünschen Dir viel Glück und Liebe auf Deinem Weg durch dieses Leben, möge Gott Dich segnen.
Alles Gute, Malia.

Wir alle, die Geistige Welt, freuen uns auf die Inkarnationen der atlantischen Seelen.
Sie werden viel, viel Veränderung auf die Erde bringen. Die Erde wird aufsteigen mit ihrer Hilfe, die Erde wird heilen.
Das Leben auf der Erde wird sich verändern.
Die Liebe wird immer stärker werden, sie wird sich über die ganze Erde ausbreiten, denn die atlantischen Seelen werden sich überall auf der Erde verteilen und dort ihre Liebe wirken lassen.

Ute Prema Kanthak

HABE KEINE ANGST, MEIN KIND, ICH BESCHÜTZE DICH

Botschaften der Liebe,
gesandt durch die Gnade
des höchsten Seins
Sathya Sai Baba

208 Seiten, broschiert
Amra Verlag, € 18,90

ISBN 978-3-939373-00-1

Sai Babas Botschaften der Liebe erfüllen die Weisheiten des Ostens und alte Bibelworte mit neuem Leben.

»Du bist ein Wesen des Himmels, himmlische Mächte haben dich auf die Erde gesandt. Dein Auftrag ist, Liebe zu verbreiten. Liebe ist eine unendliche Macht. Liebe ist es, was euren Planeten vor dem Untergang retten kann. Liebe ist die höchste Energieform, die auf der Welt Bestand hat.«

Dieses Buch ist eine Initiation, eine Einweihung in göttliche Wahrheiten. Es bietet Schutz gegen negative Einflüsse und weist den Weg in einer Zeit des Umbruchs.

Ute Prema Kanthak ist Deutschlands bekanntestes Engelmedium. Eineinhalb Jahre lang wurde sie Nacht für Nacht geweckt und empfing Botschaften Sai Babas, des großen indischen Avatars. Sie befreiten sie von der tiefsten Verzweiflung ihres Lebens und schenkten ihr Glauben, Liebe und inneren Frieden.

Leseproben auf www.amraverlag.de

Horst Krohne

NEUE SICHT DES GEISTIGEN HEILENS

Zur Behandlung psychosomatischer Erkrankungen

160 Seiten, gebunden
Amra Verlag, € 14,90

ISBN 978-3-939373-01-8

Was Sie schon immer über Geistiges Heilen wissen wollten und nie jemanden zu fragen wagten!

Seit 25 Jahren ist Horst Krohne als Geistheiler tätig und mittlerweile in ganz Europa ein Begriff. Einer breiteren Öffentlichkeit wurde er im deutschen Sprachraum besonders durch seine Allergie-Behandlungen im Fernsehen bekannt – etwa auf ARTE, RTL und im ZDF.

Erstmals berichtet Horst Krohne über die Hintergründe seiner Arbeit: Wie geschieht Heilung? Was zeichnet einen modernen Geistheiler aus? Wie arbeitet er auf der Ebene der Chakren und Meridiane? Welchen Stellenwert hat Mitgefühl bei der Behandlung? Wie stellt der Heiler eine Amalgamvergiftung fest? Wie löst er Allergien auf? Wie geht er bei Krebs und AIDS vor?

Horst Krohne unterrichtet ein wissenschaftlich fundiertes System, das jedem Menschen die Möglichkeit gibt, geistige Heilweisen auszuüben.

Leseproben auf www.amraverlag.de

Antje Nagula

DOMINUS

Die großen Mantras
der Christen

CD, 65 Min. Laufzeit
Abwun Music, € 19,50

ISBN 978-3-939373-02-5

Die Mantra-Meditation innerhalb unserer christlichen Wurzeln erfährt mit dieser CD eine wundervolle Neubelebung!

Die großen Anrufungen wie das Ave Maria, Halleluja, Kyrie Eleison, Dona nobis pacem und Vaterunser, letzteres sogar auf Aramäisch, der Sprache Jesu, werden in mantrischer Form wiedergegeben von einer unvergleichlich schönen Stimme, »die die Menschen zum Beten bringt!«

Acht christliche Mantras, überaus berührend und hingebungsvoll dargeboten, musikalisch sanft untermalt oder von Tanpura und Harmonium gestützt.

GEMA-freie Musik, zur Heilung und Behandlung unbedingt zu empfehlen!

Die Sängerin Antje Nagula gibt mit diesem Album ein beeindruckendes Debüt auf dem Gebiet der Mantra-Meditations-Musik.
Sie wurde 1967 in Bamberg geboren, studierte Gesang an der Musikhochschule in Frankfurt/M. und fand nach langjähriger Suche im Mantra einen neuen Zugang zu ihrer Stimme und deren faszinierender Wirkung für die ganzheitliche Heilung.

Hörproben auf www.amraverlag.de

ATLANTIS ÜBERALL

ist der erste Band der Edition Seelenstern

Der Seelenstern ist der Sitz unseres göttlichen Wesens. Ursprünglich als achtes Chakra oberhalb des Kronenchakras angesiedelt, sind wir im Begriff, zu ihm aufzusteigen und ihn in unserem Herzzentrum zu verankern.

Die Edition Seelenstern bringt Durchsagen aus der Geistigen Welt, die unseren Aufstieg unterstützen.